AI 리터러시 기초

AI 리터러시 기초

Ben Jones 지음 • 한국마케팅교육 옮김/펴냄

목차

PART 1. AI 소개
　제1장. AI란 무엇인가? … 16
　제2장. AI의 간략한 역사 … 41

PART 2. AI 기술
　제3장. 머신러닝 기초 … 82
　제4장. 딥러닝 입문 … 106

PART 3. AI에서의 중요한 고려사항
　제5장. AI의 혜택 및 우려 … 138
　제6장. 딥러닝 입문 … 172

결론 … 200

감사의 말씀 … 203

PART 3. AI에서의 중요한 고려사항
　　　부록 1 … 208
　　　부록 2 … 209
　　　부록 3 … 211
　　　부록 4 … 212

서문

어린 시절 캘리포니아에서 자랄 때, 나는 인근 해변에서 바디보드(엎드려서 타는 서핑 보드)를 타고 바다에서 파도를 타는 것을 좋아했다. 파도 위에서 자유롭게 움직일 수 있도록 오리발을 신었고, 파도의 표면을 타면서 낮고 안정적으로 움직일 수 있었다. 가끔씩 수평선 너머에서 훨씬 더 큰 파도가 다가오는 모습을 볼 수 있었고, 그 파도는 해안 가까이 다가올수록 점점 커져 위협적으로 솟아올랐다.

처음에는 파도가 부서져 깨지는 "크런치 존"을 피하려고 가능한 한 빨리 헤엄쳐 그곳을 빠져나가려고 했다. 그러나 결국 나는 훨씬 더 나은 전략은 파도가 부서지기 전에 파도의 정면을 향해 헤엄쳐 나가는 것이라는 것을 깨닫게 되었다.

인공지능(AI)은 다가오는 거대한 파도와 같다. 여러분들이 이 책을 집어 들었다는 것은 그 파도를 향해 헤엄치기로 결심했다는 것을 의미한다. 나는 여러분들의 결심을 강력히 지지한다. 아마도 여러분들은 자연스럽게 망설임 없이 호기심과 경이로움으로 이러한 결심을 했을 것이다. 쉽지 않은 결심이었을지도 모른다. 이 결심이 나에게 다가오는 파도를 향해 보드를 돌리는 것만큼이나 어려웠을지도 모른다. 변화는 두려운 것이기 때문이다.

AI는 사라지지 않을 것이다. 오히려 파도처럼 계속해서 다가올 것이다. 어떤 사람들은 크런치 존에 갇힐 것이다. 어떤 사람들은 더 많은 야망을 가지고 있고, 많은 큰 특권(더 많은 교육 기회, 금전적 여유 등)을 가지고 있으며, 아니면 운이 더 좋아서 화려하게 AI의 파도를 탈 수 있을 것이다. 다른 사람들은 그저 버티며 물위에서 머리를 간신히 내밀고 버틸 것이다. 그것만으로도 꽤 괜찮은 결과를 낼 수 있을 것이다.

　우리가 성공을 거두든 단순히 살아남든 간에, AI라는 바다가 계속 변화하는 가운데 우리 스스로 공부하면서 귀와 눈을 열어 둘 필요가 있다. 다음에 쓴 마크 큐반의 인용문은 이러한 현실을 잘 보여준다:

인공지능, 딥러닝, 머신러닝 — 여러분들이 무엇을 하고 있든 이들을 이해하지 못한다면 배워야 한다. 그렇지 않으면 3년 안에 공룡이 될 것이다(시대에 뒤떨어지게 될 것이다).

내 바람은 이 책이 여러분들이 AI를 배우기 시작하는 데 도움을 주는 것이다. 나는 AI에 대한 이해를 시작하고자 하는 초보자들을 위해 이 책을 썼다. 또한 이 책이 이미 AI에 대한 기본적인 친숙함을 가지고 있지만 더 명확한 이해와 새로운 관점을 원하는 이들에게도 유용할 것이라 믿는다. 어떤 경우이든 이 책은 여러분들의 학습 과정에서 중요한 역할을 할 것이다. 기술의 파도가 끊임없이 밀려오는 한, 우리의 배움의 여정은 멈추지 않아야 한다.
　내 바람은 우리 모두가 그 파도 속에서 잘 버텨내어, 결국 함께 파도를 타게 되는 것이다!

벤 존스
캘리포니아 팜스프링스
2024년 2월 22일

이 책의 소개

우리는 매우 흥미로운 시대를 살고 있다. 성인의 관점에서 볼 때, 21세기의 첫 몇 십 년 동안 기술은 우리가 태어났을 때와 비교해 엄청난 발전을 이루었다. 1970년대와 1980년대 개인용 컴퓨터 혁명은 1990년대와 2000년대 초반 인터넷의 급속한 확산으로 이어졌다. 21세기 초부터 모바일 기기, 컴퓨팅 성능, 디지털 저장 기술이 동시에 발전했고, 이는 데이터의 폭발적인 증가로 이어졌다. 웹사이트의 텍스트, 디지털화된 책, 메시지 게시판에서부터 소셜 미디어 플랫폼에 업로드된 사진과 실시간 스트리밍 비디오에 이르기까지 우리의 모든 순간들이 기록되고 있다.

　이 모든 데이터는 근본적으로 우리의 세상을 변화시켰다. 우리가 일하고, 물건을 구매하고, 서로 소통하고, 현대 사회에서 삶을 살아가는 방식은 우리의 부모나 조부모 세대와는 매우 다르다. 그러니 우리 윗 세대들이 오늘날의 세상에 대비할 수 있도록 우리를 준비시키지 못한 것은 당연할 지도 모른다. 그 결과 우리는 학교에서 배우지 못한 개념을 이해하고 기술을 습득해야 하는 도전에 직면하고 있다. 이를 제대로 하지 못하면 도태될 것이다.

점점 더 빨라지는 변화와 증가하는 중요성

기술은 우리가 어릴 때부터 발전해왔지만, 그 변화의 속도는 훨씬 더 빨라지고 있다. 우리는 현재 인공지능(AI) 혁명의 초기 단계에 있으며, 이는 방대한 데이터와 컴퓨팅 성능의 극적인 향상에 의해 촉진되었다. 여기에 머신러닝의 발전을 결합하면, 데이터로부터 학습할 수 있는 AI는 이제 상당한 수준의 지능을 요구하는 작업을 수행할 수 있다.

AI는 매우 강력해졌지만, 아직 완벽하지는 않다. AI 모델과 프로그램은 많은 실수를 하고 있고, 항상 공정하지는 않으며, 산업과 사회 전반에서 기존 질서를 뒤흔들고 있다. 하지만 아직 많은 사람들이 이러한 기술에 익숙하지 않고, 이에 대해 불편함을 느끼고 있다. 소셜 미디어에서 AI에 대한 게시글과 댓글을 읽거나, 뉴스에서 AI에 대한 보도를 보거나, 직장에서 AI에 대해 이야기하는 것을 들어도, 많은 사람들이 자신이 그 대화에 참여할 준비가 되어 있지 않다고 느낀다. 심지어 더 뒤처질까 봐 걱정하고 있다.

이 책은 누구를 위한 것인가?

이 책은 직장, 소셜 미디어 피드, 그리고 사람들이 속한 커뮤니티 내에서 진행되는 AI 대화에 참여하고자 하는 모든 사람을 위한 것이다. 이 책은 AI의 잠재력을 활용하면서도 그 부정적인 영향을 피하고자 하는 사람들을 위한 것이다. 이 책은 AI에 대해 지속적으로 학습하고자 떠나는 여정의 첫걸음이며, 여러분들이 조심스럽든지 열정적이든지 반드시 밟아야 할 매우 중요한 단계이다.

AI 대화에 참여하는 것은 단순히 여러분들 자신과 여러분들의 경력만을 위해 중요한 것이 아니다. 가능한 많은 사람들이 AI에 대해 교육받아 우리의 생각, 우려, 관점을 공유할 수 있도록 하는 것이 중요하다. AI의 미래는 우리의 손에 달려 있으며, 가장 좋은 길은 다양한 배경, 학문, 신념을 가진 사람들이 함께 닦는 길이다. 우리 모두를 위한 AI는 우리 모두가 만들어야 한다.

이 책에는 무엇이 담겨 있는가?

Part1: AI 소개

이 책은 세 파트로 나누어져 있으며, 각 파트는 두 개의 장으로 구성되어 있다. 첫 번째 파트 AI 소개에서는 간단하지만 매우 까다로운 질문, "AI란 무엇인가?"로 시작한다. 정의를 내리는 일은 중요하지만 까다로울 때도 많다. AI의 정의는 시간이 지나면서 변화해 왔으며, 오늘날에도 명확히 규정하기 어렵다. 게다가 AI의 다양한 유형과 수준은 혼란을 줄 수 있으므로, 다양한 용어와 약어를 비교하고 대조해가며 의미를 명확히 할 것이다. 1장의 마지막 부분에서는 일상에서 쉽게 활용할 수 있는 AI 애플리케이션 목록을 제시하여 AI를 더욱 현실감 있게 받아들일 수 있도록 할 것이다.

2장에서는 AI 역사를 간략히 살펴볼 것이다. 20세기 중반의 열정적인 태동기부터 자금의 부족과 관심의 감소로 표현될 수 있는 "AI 겨울"이라 불리는 시기를 지나 21세기 초반 AI 혁명에 이르기까지의 여정을 따라갈 것이다. AI의 많은 선구자들에 대해 배우고, 주요 이정표들을 고려하면서, 여러분들은 분야가 어떻게 발전해왔는지에 대한 귀중한 통찰을 얻게 될 것이다.

Part2: AI 기술

책의 두 번째 파트에서는 AI 기술이라는 제목으로, 최근 AI 발전에서 중요한 역할을 한 머신러닝이라는 AI 분야를 깊이 탐구한다. 3장에서는 데이터로 컴퓨터를 훈련시켜 지능형 작업을 수행하는 개념과 이를 구현하기 위한 일반적인 접근 방식을 배우게 될 것이다.

  4장에서는 딥러닝에 대한 기초를 다룬다. 딥러닝은 생물학적 뉴런의 기능에서 영감을 받아 설계된 심층 신경망으로 구성된 머신러닝의 특별한 유형이다. 이 모델은 디지털 입력을 받아 가중치(weights) 즉 파라미터를 곱한 뒤, 다음 층의 유닛에 신호를 전달한다. 훈련 중 가중치를 조정하여, 얼굴 인식이나 언어 번역과 같은 컴퓨터의 주요 과제를 수행할 수 있다.

Part3: AI 내에서의 중요한 고려사항

세 번째 파트 AI에서의 중요한 고려사항에서는 기술적인 측면에서 벗어나 AI의 개인적, 사회적 측면을 다룬다. 5장에서는 AI의 많은 놀라운 혜택뿐만 아니라 일자리 감소에 대한 두려움이나 알고리즘 편향의 부당한 영향과 같은 심각한 우려도 고려한다. AI는 우리에게 많은 도움을 줄 수 있는 강력한 기술이지만, 사용하는 방식에 따라 큰 해를 끼칠 수도 있다. 우리는 AI의 약속을 실현하면서 동반되는 문제들을 해결하기 위해 무엇을 할 수 있는지 고려할 것이다.

  5장이 과도한 기대와 두려움을 넘어서기 위한 것이라면, 6장은 사실과 픽션을 구분하는 데 초점을 맞춘다. 온라인과 실제 세계에서 AI에 관한 많은 신화와 오해가 존재한다. 이러한 종류의 대화에 참여하려면 극단적인 관점을 이해하고, 합리적이고 균형 잡힌 진실을 표현할 수 있어야 한다.

데이터 리터러시와 AI 리터러시

AI 리터러시란 무엇인가? AI 리터러시는 인공지능 기술과 그 영향을 인식하고, 이해하고, 사용하고, 비판적으로 평가하는 능력을 말한다. 데이터 리터러시와 비교해 보면 어떨까? 데이터 리터러시는 데이터를 정보로서 읽고, 이해하고, 생성하고, 소통하는 능력으로 정의되어 있다. AI 리터러시와 데이터 리터러시는 형제 관계로 생각할 수 있다.

그러나 다음 사실을 주의해야 한다. 진정한 AI 리터러시는 데이터 리터러시를 필요로 한다는 점이다. 그 이유는 AI가 주로 데이터에 기반하고 데이터의 영향을 받기 때문이다. AI 모델을 이해하려면, 그것을 훈련시키는 데 사용된 데이터에 대한 기본적인 이해가 필수적이다. 따라서 이 책의 독자들에게 데이터 리터러시를 탄탄히 다지는 데에 시간을 할애할 것을 강력히 권장한다.

데이터와 AI 리터러시에 대한 투자는 큰 이점을 가져다줄 것이다. 이 두 가지 역량은 함께 발전해야 한다. 우리는 업무 분야와 상관없이 데이터와 AI의 언어를 말할 수 있어야 한다. 외국어를 읽고 쓰기 위해 단어와 구문을 배우듯, 데이터와 AI도 그 언어를 관찰하고 적극적으로 소통해야 한다.

이 책 AI 리터러시 기초가 AI라는 언어에 대한 탄탄한 기초를 쌓는 데 도움이 되기를 진심으로 바란다. 그리고 여러분들의 앞날에 행운이 있기를 진심으로 기원한다! 여러분들이 현재 AI와 관련해 불리한 상황에 있다고 느낀다면, 스타 트렉의 데이터 중위(Lieutenant Commander Data)가 했던 다음 말을 떠올려 보면 좋을 것이다.

"진정한 비결은 약점을 강점으로 전환하는 것이다."

PART1: AI 소개

제1장: AI란 무엇인가
제2장: AI의 간략한 역사

제1장: AI란 무엇인가?

"인공지능은 지능적인 기계를 만드는 과학이자 공학이다."

'존 매카시, "AI의 아버지"'

AI, 즉 인공지능이란 무엇인가? 이 질문을 들으면 공상과학 영화나 책에 등장하는 로봇 캐릭터가 떠오를지도 모른다. 어떤 로봇은 사랑스럽게, 어떤 로봇은 위협적으로 보일 것이다. 혹은 주요 기술의 획기적 발전에 대한 뉴스 기사, AI의 일자리 대체에 항의하는 작가 노조의 파업, 또는 의회에서 통과된 어떤 법안이 여러분들의 기억 속에 떠오를 수도 있다. 또는 요즘 이 용어에 집중된 모든 과장된 마케팅과 소셜 미디어 상의 화제성을 생각하지 않을 수 없을 것이다. 인공지능이라는 말은 어디에서나 들리는데, 그게 정확히 무엇을 의미하는 것일까?

AI의 정의

놀랍게도, 이 질문에 모든 사람을 만족시킬 만한 답을 내놓는 것은 상당히 어렵다. 1955년 "인공지능"이라는 용어를 처음 만든 스탠퍼드대학교 교수 존 맥카시는 이를 "지능적인 기계, 특히 지능적인 컴퓨터 프로그램을 만들기 위한 과학이자 공학(the science and engineering of making intelligent machines, especially intelligent computer programs)"으로 정의했다. 이 정의는 맥카시가 "인공적(artificial)"이라는 용어가 컴퓨터를 의미한다는 점을 명확히 해주기 때문에 유용하다. 하지만 그는 이 정의에서 "지능적(intelligent)"이라는 단어를 두 번 사용했다. 바로 여기에서 문제가 시작된다. 우리가 어떤 대상을 "지능적"이라고 부를 때 항상 같은 의미로 사용하는 것은 아니기 때문이다.

예를 들어, 어떤 아이가 어려운 수학 시험에서 만점을 받으면 우리는 그에게 "매우 지능적이다"고 말한다. 개가 주인의 혈당 수치가 높아졌음을 감지하면 "놀라울 정도로 지능적이다"고 평가한다. 심지어 어떤 사람들은 아카시아 나무처럼 나무도 특이한 방식의 지능을 가지고 있다고 주장한다. 예를 들어, 아카시아 나무(여기서 칭하는 아카시아 나무는 우리가 아카시아 나무라고 잘못 알고 있는 우리나라의 아까시 나무와 다른 품종임-역자 주)는 기린이 잎을 먹기 시작하면 에틸렌 가스를 방출하여 주변 나무들이 자신들의 잎에 (떫은 맛을 내는) 탄닌을 주입하도록 유도한다. 이러한 행동들은 모두 지능적인 행동으로 간주될 수 있지만, 서로 상당히 다르지 않은가?

생물체의 지능을 간결하게 정의하는 데 어려움을 겪을 정도라면, 디지털 컴퓨터와 같은 비생물적 존재의 지능을 정의하는 데 어려움을 겪는 것은 당연하다. 컴퓨터가

"지능적"이라고 불리기 위해 어떤 행동이 필요할까? 특정 질문에 정확한 답을 내야 할까? 일정 시간 동안 대화를 유지해야 할까? 도시를 안전하게 운전해서 가로질러 나가야 할까? 아니면 사진 속 얼굴을 인식하거나, 체스에서 그랜드마스터를 이겨야 할까? 또는 감동적인 음악이나 미술, 또는 시를 창작하거나, 재미있고 독창적인 농담을 만들어야 할까? 이러한 행동 중 일부만 해도 될까? 아니면 이 모두를 해야 할까?

친구나 동료들에게 "인공지능이란 무엇인가?"라고 물어본다면 다양한 대답을 들을 수 있을 것이다. 인간, 동물, 그리고 컴퓨터 모두 각기 다른 유형과 수준의 지능을 갖고 있기 때문이다. 이 모두를 포함하여 이해하기는 매우 어렵다. 한 사람에게 매우 지능적으로 보이는 행동이 다른 사람에게는 완전히 하찮게 느껴질 수도 있다. 따라서 인공지능을 정확히 정의하기 어렵다는 점은 우리가 모두 받아들여야 할 특징 중 하나이다. 심지어 수십 명의 업계 전문가들로 구성된 위원회도 비교적 최근인 2016년에 "AI를 명확하고 보편적으로 정의하는 것이 어렵다"고 인정했다.[1]

그럼에도 불구하고, 인공지능의 정의 몇 가지를 살펴보면서, 그로부터 어떤 가치를 추출해 낼 수 있을지 알아보자. 우선 사전에서 찾을 수 있는 정의로 시작해 보자. 옥스퍼드 영어사전은 "인공지능"을 다음과 같이 정의한다:

'컴퓨터 또는 기타 기계들이 지능적인 행동을 나타내거나 재현할(simulate) 수 있는 능력; 이를 연구하는 학문 분야'[2]

1.
"The One Hundred Year Study of Artificial Intelligence (AI100)." Stanford University, 2021, http://ai100.stanford.edu.

2.
Oxford English Dictionary, s.v. "artificial intelligence, n.," July 2023, https://doi.org/10.1093/OED/3194963277.

이 정의는 맥카시의 정의(지능적인 기계, 특히 지능적인 컴퓨터 프로그램을 만들기 위한 과학이자 공학)와 크게 다르지 않으며, "지능적인 행동이란 무엇인가"라는 완전히 동일한 질문을 제기한다. 그러나 이 정의는 중요한 차이점을 하나 추가한다: 이 용어(인공지능)는 지능적인 행동을 연구하는 학문 분야를 의미한다는 것이다. 인공지능은 특정한 유형의 컴퓨터 시스템을 설명하는 이름일 뿐만 아니라, 그러한 시스템을 연구하고 만들어 내는 분야를 나타내는 이름이기도 하다. 그래서 대학교에는 AI 학과가 존재하고, 기업에는 AI 팀이 있으며, 정부 패널에는 AI 전문가들이 활동하고 있다.

이번엔 정부가 제공한 또 다른 정의를 살펴보자. 세계 각국 정부는, 당연히, 인공지능에 많은 관심을 가지고 있다. 미국 연방 정부도 예외는 아니다. 미국 국무장관 앤서니 블링컨은 인공지능과 양자 컴퓨팅에 대해 "글로벌적인 기술 혁명이 진행 중이다"고 언급했다.[3] 2020년 미국 의회가 국가 인공지능 이니셔티브 법(National Artificial Intelligence Initiative Act)을 통과시켰을 때 다음과 같은 정의를 제시했다:[4]

> '인공지능'이란, 인간이 정의한 목표에 따라 예측, 추천, 또는 결정을 내려 현실 및 가상 환경에 영향을 미치는 기계 기반 시스템을 의미한다. AI 시스템은 기계와 인간의 입력을 활용하여,
> (A) 현실 및 가상 환경을 인식하고
> (B) 이러한 인식을 자동화된 방법으로 이루어지는 분석을

---

[3] U.S. Department of State. "Secretary Blinken's remarks at the NSCAI Global Emerging Technology Summit, in Washington, D.C." YouTube, uploaded July 13, 2021, http://www.youtube.com/watch?v=EwHOtVvJcU0

[4] Title 15, Sec. 9401. U.S. Code. 2024," https://uscode.house.gov/view.xhtml?req=(title:15%20section:9401%20edition:prelim.

통해 모델로 추상화하며

(C) 모델 추론을 통해 정보 또는 행동의 선택지(옵션)를 도출한다.

이 정의는 꽤 많은 내용을 추가하고 있다. 주목할 점은, 이 정의 어디에도 "지능적"이라는 용어를 사용하지 않았다는 것이다. 대신, 환경에 대한 인식, 추상화 하여 모델로 만들기, 선택지의 도출과 같은 구체적인 행동 유형들을 나열하고 있다. 이러한 동사들(인식하기, 추상화하기, 도출하기)은 특히 모델을 만들어 낸다는 개념을 포함하여 우리가 더 많은 것들을 도출할 수 있도록 해준다. 하지만 동시에 많은 어려운 질문들도 제기한다.

예를 들어, "무언가를 인식한다"는 것은 무엇을 의미하는가? 기계 기반 시스템은 카메라나 마이크와 같은 감각 입력 장치를 통해 단순히 환경의 변화를 감지하기만 하면 되는가, 아니면 그러한 변화에 대한 의식적인 인지(conscious awareness)가 필요한가? (주. 예를 들어, 카메라가 신호등의 빨간불을 감지하기만 하면 인식한 것인가? 아니면 빨간불을 감지하여 멈추어야 한다는 것을 알아야 인식한 것인가?)

이 질문은 마음의 철학을 연구할 때 매력적인 주제인 의식(consciousness)의 본질과 관련된 복잡한 문제를 불러일으킨다. 그러나 이 책에서는 이를 다루지 않고 열린 질문으로 남겨 놓을 것이다.

이번엔 AI에게 스스로를 정의할 기회를 주어 보았다. 나는 오늘날 가장 발전된 AI 챗봇 중 하나인 오픈AI의 챗GPT에게 물어 보았고, 다음과 같은 정의를 얻었다:

"AI는 기계 내에서 인간 지능의 재현(simulation)을 의미하며, 이 기계는 생각하고, 학습하며, 일반적으로 인간의 지능이 필요한 결정을 내리거나 행동을 수행하도록 설계되었다. 인공지능은 문제 해결, 패턴 인식, 자연어 이해, 그리고 인식과 같은 작업들이 포함된다. AI 시스템은 규칙 기반 방법, 머신러닝, 딥러닝을 포함한 다양한 접근 방식을 통해 이러한 작업을 수행하도록 프로그래밍될 수 있다. AI의 궁극적인 목표는 복잡한 작업을 자율적으로 수행하고, 스스로 변화에 적응하며 실행할 수 있는 시스템을 만드는 것이다. 이 시스템은 경험이나 데이터를 축적함에 따라 시간이 지나면서 성능을 향상시킨다."[5]

오! 챗GPT가 내린 이 정의는 매우 많은 정보를 담고 있다! 나와 대화한 챗GPT 버전은 오픈AI의 GPT-4로서 대규모 언어 모델(large language model: LLM)의 일종이다. GPT는 "Generative Pre-trained Transformer" 즉 "생성적 사전 학습 트랜스포머(변환기)"의 약자로, 인터넷과 책에서 방대한 텍스트 데이터를 학습하여 문장 내 다음 단어를 예측하도록 훈련되었다. 이로 인해 오늘날의 기준으로는 놀라운 대화 능력을 갖추게 되었다. 하지만, 1년 후나 10년 후에 사람들이 GPT-4의 능력을 여전히 놀랍다고 여길지는 두고 볼 일이다.

아주 간단히 말하면, 챗GPT는 주어진 주제에 대해 작성된 자주 쓰이는 텍스트를 요약하는 일을 한다고 생각할 수 있다. 그러나 중요한 점은 개발 과정에서 제공된 인간 피드백에 따라

5.
OpenAI. "ChatGPT Response on the Definition of AI." OpenAI's ChatGPT, GPT-4, 3 December 2023, private

결과물이 영향을 받는다는 것이다. 또한, 챗GPT의 출력은 "세이프가드"라고 불리는 제약을 받으며, 이는 증오성 콘텐츠나 개인 식별 정보(personally identifiable information: PII)(예: 사회보장번호, 여권 번호, 집주소, 전화번호)와 같은 바람직하지 않은 콘텐츠 생성을 방지하기 위해 설계되었다.

그렇다면 챗GPT가 제공한 정의로 돌아와서, 그는 스스로를 얼마나 잘 정의했을까? 나름 잘했다고 볼 수 있다. 하지만 "생각한다(think)", "이해한다(understand)", "인지한다(perceive)"는 것의 의미와 같은 철학적 논쟁에도 불을 지폈다. 또한, 이 정의 내에서 머신러닝과 딥러닝과 같은 우리가 이후에 다룰 중요한 용어들도 소개했지만, 이 용어들의 의미를 설명하지는 않았다.

챗GPT의 정의는 우리가 살펴본 다른 정의들보다 분명히 더 장황하다. 더 간결한 정의를 요청했을 때 챗GPT는 다음과 같이 응답했다:

> "인공지능(AI)은 시각 인식, 음성 인식, 의사 결정, 언어 번역과 같이 인간 지능을 필요로 하는 '작업을 수행할 수 있는 컴퓨터 시스템을 말한다."[6]

이 두 정의—원래 긴 정의와 간결한 정의—는 모두 "지능"이라는 단어를 사용하여 지능의 한 형태인 인공지능을 정의하는 문제가 있다. 특히 이 정의들은 인공지능을 인간의 지능과 연관 짓고 있는데, 이것도 문제가 될 수 있다. GPT-4의 정의에 따르면, 인공지능과 인간의 지능과의 관계의 본질은, 인공지능은

6.
Ibid.

다양한 방식으로 인간의 지능을 재현하고, 일반적으로 인간의 지능이 요구되는 작업을 수행하도록 설계된 것이라고 설명한다.

이 기술들이 계속 발전하고, 인간 지능의 한계를 뛰어넘는 작업을 수행할 수 있는 AI 응용 프로그램과 시스템이 계속 등장한 후에도, 인공지능 정의가 여전히 인간의 지능을 언급할지 여부를 지켜보는 것도 흥미로울 것 같다. 예를 들어, AI의 능력이 우리의 능력을 초과할 때 어떤 일이 일어날까? 사실, 이미 여러 방면에서 그렇다. 일부 프로그램은 텍스트를 처리하고, 분류하고, 요약하는 작업을 우리보다 훨씬 빠르게 수행할 수 있다. 또 다른 프로그램들은 체스나 바둑 같은 게임에서 우리를 이길 수 있다. 더 나아가, 방대한 데이터 저장소에서 우리가 찾기 어려운 패턴을 찾아낼 수도 있다. 만약 이들이 이러한 작업을 우리보다 더 빠르고 더 잘 수행한다면, 이들은 여전히 우리의 지능을 모방하는 것인가, 아니면 이들만의 새로운 형태의 지능을 갖춘 것인가?

AI의 효과

인공지능의 진화와 관련하여 중요한 점은, AI 효과(AI effect)라는 현상이 있다는 것이다. 이는 종종 AI 역설(AI paradox)이라고도 불린다. 이는 AI를 정의하는 과정에서 발생하는 지속적인 어려움을 이해하는 데 도움이 된다. 간단히 말하면, AI 효과란 특정 문제가 지능을 요구한다고 여겨졌으나 컴퓨터가 그 문제를 해결하면 우리는 더 이상 그 문제를 "진정한" 지능이 필요한 것으로 간주하지 않게 되고, 자연스럽게 그 해결책 자체를 AI라고 생각하지 않게 된다는 것이다. 이는 흔히 말하는 "골대 옮기기(도전적인 방향으로 목표를 계속 바꾸는 행위)"의 전형적인 사례라고 할 수 있다.

대표적인 예로 체스가 있다. 체스는 한때 지능을 판단하는 완벽한 테스트라고 여겨졌다. 세계 최고의 체스 챔피언을 이기는 컴퓨터가 있다면, 그 컴퓨터는 고도로 지능적인 것이라고 누구나 동의할 것이라고 생각했다. 헉, 그런데 1997년 IBM의 딥블루가 일을 저지르고 말았다. 뉴욕에서 열린 대결에서 세계 챔피언 게리 카스파로프를 3.5 대 2.5로 꺾은 것이다.[7]

딥 블루의 승리는 즉각적으로 인공지능의 중요한 전환점으로 널리 칭송받았다. 그러나 곧이어 비평가들과 분석가들은 딥 블루의 접근법을 단순히 강력한 계산 능력과 방대한 경기 데이터베이스를 활용한 것에 불과하다고 평가절하했다. 심지어 체스 자체도 평가절하하며, 이를 실제 지능이 아닌 단순히 강력한 연산 능력으로 접근할 수 있는 활동에 불과하다고 혹평하기 시작했다. 기준은 분명히 더 높아진 셈이었다.

예를 들어, 팜컴퓨팅의 공동 설립자이자 신경과학자인 제프 호킨스는 그의 2005년 저서에 대한 새로운 이해가 진정한 지능적 기계를 만들어 내는가에서 다음과 같이 썼다:

"딥 블루는 인간보다 더 똑똑해서 이긴 것이 아니다. 단지 인간보다 수백만 배 더 빨랐기 때문에 이긴 것이다. 딥

7.
Weber, Bruce. "Swift and Slashing, Computer Topples Kasparov." New York Times, May 12, 1997, https://www.nytimes.com/1997/05/12/nyregion/swift-and-slashing-computer-topples-kasparov.html.

8.
Hawkins, Jeff, and Sandra Blakeslee. On Intelligence: How a New Understanding of the Brain Will Lead to the Creation of Truly Intelligent Machines. Times Books, 2004.

블루는 체스를 두었지만 체스를 이해하지 못했다. 이는 계산기가 산술 연산을 수행하지만 수학을 이해하지 못하는 것과 같다."⁸

심지어 가리 카스파로프 본인도 자신의 저서 딥 씽킹: 기계 지능이 끝나고 인간 창의력이 시작되는 곳 에서 비슷한 관점을 공유했다:

"딥 블루가 지능적이라는 것은 시간 설정이 가능한 알람시계가 지능적이라는 것과 같은 의미였다. 물론 1,000만 달러짜리 알람시계에게 졌다고 해서 기분이 나아지지는 않았다."⁹

비슷한 변화는 음성 인식(speech recognition)이라는 획기적인 발전 이후에도 발생했다. 이제는 모든 스마트폰이나 가상 비서(예: 아마존의 알렉사)가 음성 인식을 수행할 수 있으며, 광학 문자 인식(optical character recognition: OCR)도 수표에 표시된 계좌 정보를 자동으로 인식하게 되었을 때(1950년대 중반)부터 일상적으로 혜택을 누리는 기술이다. 이러한 기능들을 비롯한 많은 것들이 한때 컴퓨터가 수행하기에 상당히 어려운 과제라고 여겨졌으나, 이제 많은 사람들은 이런 일상적인 응용 기술들을 더 이상 인공지능의 사례로 간주하지 않는다.

9.
Kasparov, Garry, and Mig Greengard. Deep Thinking: Where Machine Intelligence Ends and Human Creativity Begins. PublicAffairs, 2018.

제 1장: AI란 무엇인가?

미래 세대가 오늘날 우리가 겨우 상상만 하고 있는 인공지능의 획기적인 발전을 어떻게 받아들일지 궁금할 따름이다. 세상사가 다 이런 것 같다. 우리는 이전에는 상상조차 할 수 없었던 것을 금세 당연하게 여기는 경향이 있다. 오늘의 경이로운 새로운 기능은 내일의 일반적인 기능이 된다. 존 맥카시가 한때 말했던 유명한 말처럼, "제대로 작동하기 시작하면 아무도 그것을 더 이상 AI라고 부르지 않는다." AI 효과가 보여주듯, 인공지능의 정의에서 말하는 목표는 계속 변해왔다.

강한 AI와 약한 AI

대부분의 AI 전문가들은 오늘날 가장 놀랍도록 발전한 AI 특징조차도 소위 강한 AI(strong AI)라 불리는 수준에 도달하지 못했다고 본다. 일반 AI(general AI) 또는 인공 일반 지능(artificial general intelligence: AGI)으로도 불리는 강한 AI는 만약 개발된다면 인간이 수행할 수 있는 모든 행동을 학습하여 수행할 수 있는 가설적인 유형의 AI이다. 강한 AI의 지능은 매우 폭넓게 적용되어, 이미지 인식, 언어 처리, 추론, 문제 해결, 다양한 분야에 걸친 의사 결정 등과 같은 여러가지 작업을 수행할 수 있는 능력을 지닌다고 보고 있다.

강한 AI는 아직 존재하지 않기 때문에 아직까지는 가상의 개념이다. 일부 AI 전문가들은 강한 AI가 실현되려면 아직 멀었다고 생각하며, 그중 일부는 그러한 시스템을 개발하는

10.
Altman, Sam. "Planning for AGI and Beyond."
OpenAI Blog, OpenAI, February 24, 2023,
https://openai.com/blog/planning-for-agi-and-beyond.

것이 가능하지도 않다고 믿고 있다. 반면, 다른 전문가들은 그 가능성에 대해 낙관적이다. 예를 들어, 2015년에 설립되어 샌프란시스코에 본사를 둔 오픈AI를 살펴보자. 오픈AI는 "인간보다 일반적으로 더 스마트한 AI 시스템, 즉 인공 일반 지능(AGI)이 인류 전체에 혜택을 가져다 줄 수 있도록 보장하는 것"을 목표로 하고 있다.[10] 이들은 AGI를 인간만큼 스마트한 것이 아니라 인간보다 더 스마트한 것으로 정의했다.

강한 AI는 약한 AI(weak AI), 또는 좁은 AI(narrow AI) 즉 인공 협소 지능(artificial narrow intelligence: ANI)과 대조된다. 약한 AI는 단일한 문제나 매우 제한된 문제 집합을 해결하도록 설계되고 개발된 인공지능을 말한다. 약한 AI의 예는 우리 주변 어디에나 있으며, 일반적으로 인간이 수행해야 하는 특정 작업을 수행하지만, 그 외의 다른 작업은 전혀 수행할 수 없는 AI를 의미한다.

좁은 인공지능(ANI)
- 약한 AI라고도 불림
- 좁은 AI
- 특화된 업무만 수행
- 다양한 곳에 널리 사용됨

일반 인공지능(AGI)
- 강한 AI라고도 불림
- 인간 수준의 AI
- 폭넓게 응용 가능
- 가설적 개념
  (아직 구현되지 않음)

그림 1.1. 강한 AI와 약한 AI의 차이

예를 들어, IBM의 딥 블루는 체스에는 뛰어났지만 모노폴리(우리나라의 부루마블같은 미국의 보드 게임 이름-역자 주)를 전혀 플레이할 수 없었고, 사진 속 동물이 고양이인지 개인지조차 구별할 수 없었다. 이커머스 웹사이트의 추천 시스템은 매우 정교하고 다양한 고객들에게 훌륭한 추천을 제공할 수 있지만, 그 시스템이 자동차 운전은 할 수 없다.

11.
OpenAI, "ChatGPT Can Now See, Hear, and Speak." OpenAI Blog, September 25, 2023, https://openai.com/blog/chatgpt-can-now-see-hear-and-speak.'

하지만 "약한 AI"라는 용어에 속지 말아야 한다. 이런 시스템들이 우리 세상에 미치는 영향은 결코 약하지 않기 때문이다. 약한 AI는 어디에나 존재하며, 이러한 기술은 업무, 사회, 심지어 삶 자체의 많은 측면을 극적으로 변화시켰다.

우리는 이제 상대적으로 정교한 약한 AI가 "다중모드(multimodal: 멀티모달)" 기능을 갖춘 사례들을 보기 시작하고 있다. 예를 들어, 오픈AI가 인기 있는 AI 챗봇 챗GPT에 음성과 이미지 인식 기능을 추가한 경우가 이것이다." 이러한 발전의 속도와 특성은 예측하기 매우 어렵기 때문에 AGI와 닮은 기술이 얼마나 멀리 있는지(실현될 때까지 걸리는 시간) 가늠하는 것은 사실상 불가능하다. 하지만 이 두 가지 형태의 AI를 구분해 이해하는 것은 기술의 발전을 평가하는 데 많은 도움이 된다.

범용 AI

우리를 좀 더 헷갈리게 한 면도 있지만, 비교적 새로운 용어(그리고 이와 관련된 네 글자 약어)가 2021년에 AI 용어로 등장했다. 이 용어는 2023년 12월에 통과된 유럽연합의 AI법 개정안에서 공식적으로 데뷔했다. EU 입법자들은 이를 범용 AI(General Purpose AI: GPAI)라는 용어로 제안했다. 그렇다면 이 용어는 무엇을 의미하는가? 2021년 개정안의 문구에 따르면,

> "(44조b항) 범용 AI 모델이란 대규모 데이터로 자가 지도 학습(self-supervision)을 통해 훈련된 경우를 포함하여, 상당한 범용성을 나타내고 폭넓은 범위의 개별적 작업들을 능숙하게 수행할 수 있는 AI 모델을 의미한다. 이는 시장에 배치되는 방식과 상관없이 작동하며, 다양한

하위 시스템이나 응용 프로그램에 통합될 수 있는 모델을 말한다."[12]

이 정의에는 다소 애매한 표현들이 포함되어 있다. 예를 들어, "대규모 데이터"(얼마나 큰 데이터인지?), "상당한 범용성"(얼마나 상당하고 얼마나 범용적인지?), "폭넓은 범위의 개별적 작업"(얼마나 폭넓은 범위이고 얼마나 개별적인 작업인지?)과 같은 표현이다. AI 기술의 발전 속도를 고려하면, 이러한 용어들은 가까운 미래에 매우 다른 의미를 가질 수 있다. 불과 몇 년 전만 해도 "빅데이터"라고 간주되던 것을 오늘날에는 우습게 보고 있지 않은가?

우리가 확실히 아는 것은, 이 비교적 새로운 용어의 의도가 2022년 말부터 세상에 공개된 오픈AI의 GPT-4와 구글의 제미나이와 같은 강력한 새로운 AI 기술을 규제하려는 데 있다는 것이다. 대부분의 AI 전문가들은 이러한 대규모 언어 모델(LLM)이 여전히 ANI(약한 AI)라는 카테고리에 속한다고 보고 있으며, AGI(강한 AI)와는 구별된다고 생각한다. 그러나 마이크로소프트 연구팀을 포함한 일부 연구자들은 챗GPT가 AGI의 초기 "징후"를 보여주고 있으며, "초기 단계(아직 불완전하지만)의 인공 일반 지능(AGI) 시스템이라고 합리적으로 간주할 수 있다"고 주장하고 있다.[13]

나로서는, 이러한 강력한 LLM들이 현재까지는 AGI에 해당하지 않으며 그에 근접하지도 않았다는 점에서 대부분의 AI 전문가들의 의견에 동의한다. 하지만 이들이 최근의 고도로 특화된(따라서 훨씬 더 제한적인) ANI 모델들보다 훨씬 더 능력이 뛰어나다는 점에는 의심의 여지가 없다. 이들은 단순히 소셜 미디어 게시물의 감정을 긍정적 또는 부정적으로 분류하거나, 스마트폰 카메라로 인식한 얼굴을 기반으로 아이폰 화면을 잠금 해제하는 것 이상의 일을 수행한다. 이들의 다중모드(multimodal) 기능과 대화 기능은 단일 목적의 AI 애플리케이션과는 다른 카테고리에 속하는 것으로 보인다. 그림 1.2는 GPAI, ANI, AGI 간의 관계를 나타내 준다.

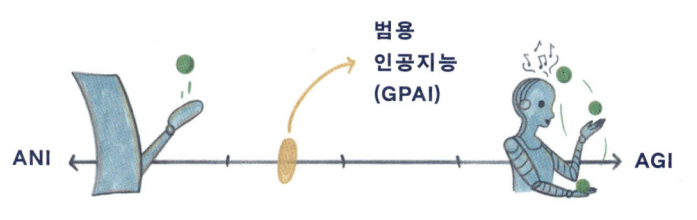

그림 1.2. 어떻게 GPAI가 ANI 및 AGI와 관련되는가?

이를 위해 우리에게 새로운 용어와 약어가 필요했을까? 어쩌면 그랬을지도 모른다. 하지만, 이 새로운 카테고리에 "일반(general)"이라는 단어가 포함된 것은 아쉽다. 많은 사람들이 범용 인공지능(GPAI)과 인공 일반 지능(AGI)을 혼동할 가능성이 높아 보이기 때문이다. 이 용어의 등장으로 인해 우리가 얻을 수 있는 교훈은, AGI와 ANI 간의 격차가 점점 좁아지고 있다(멀고 이상적인 미래 기술로만 여겨졌던 AGI가 GPAI라는 개념이 생긴 덕분에 보다 가시적으로 실현 가능한 기술로 인식되기 시작했다-역자 주)는 점이다. (GPAI라는) 새로운 분류가 정말 필요했는지와 상관없이, 그 안에 포함된 새로운 기술들이 AI의 진화에서 중요한 도약을 나타낸다는 것은 분명하다.

12.
"EU AI Act, Article 3 Definitions." https://www.euaiact.com/article/3, Last Accessed February 28, 2024.

13.
Bubeck, Sébastien et al. "Sparks of Artificial General Intelligence: Early experiments with GPT-4." ArXiv

일상 생활 속의 AI 사례

AI가 무엇인지 더 잘 이해할 수 있도록, 대다수가 공감할 수 있는 여러 실제 사례를 살펴보자. AI를 개념, 이론, 또는 학문 분야로 이야기하는 것과는 별개로, 사실 AI는 이미 삶의 여러 측면에서 활용되고 있다. 하지만 이러한 응용 사례들이 AI를 포함하고 있다는 사실을 모든 사람이 알고 있는 것은 아니다.

스트리밍 영화 추천

여러분들은 아마 넷플릭스[14]나 훌루와 같은 영화 스트리밍 플랫폼 중 하나 이상을 구독하고 있을 것이다. 그렇다면, 가장 최근에 좋아하는 프로그램을 보기 위해 로그인했을 때, "추천 콘텐츠"나 "시청 기록 기반 추천" 같은 섹션을 본 적도 있을 것이다. 이러한 플랫폼은 여러분에게 무엇을 추천해야 할지 어떻게 아는 것이고, 왜 다른 사용자들에게는 다른 추천을 표시하는 것일까?

이러한 플랫폼은 추천 시스템(recommendation system 또는 recommener)이라고 불리는 AI의 한 형태를 사용한다. 검색 및 시청 기록, 평점 데이터, 그리고 기타 인구통계 변수들을 바탕으로 사용자가 어떤 프로그램을 볼 가능성이 가장 높은지 예측한다. 하지만 많은 사람들이 이러한 추천 시스템을 사용할 때 그것이 AI와 관련이 있다는 사실을 인식하지 못한다. 2023년 2월에 퓨 리서치

14.
"How Netflix's Recommendations System Works." Netflix Help Center, https://help.netflix.com/en/node/100639. Accessed January 2, 2024.

15.
Kennedy, Brian, Alec Tyson, and Emily Saks. "Public Awareness of Artificial Intelligence in Everyday Activities." Pew Research Center. February 15, 2023. https://www.pewresearch.org/science/2023/02/15/public-awareness-of-artificial-intelligence-in-everyday-activities/.

센터가 실시한 조사에 따르면, 미국 응답자의 3분의 1 이상이 이러한 추천 시스템이 AI로 작동한다는 사실을 인식하지 못했다.[15]

가상 비서

우리 대부분은 이제 아마존의 알렉사나 애플의 시리와 같은 다양한 가상 비서(virtual assistants)를 통해 일상적인 작업을 수행한다. 예를 들어, 날씨를 확인하거나, 주방에서 타이머를 설정하거나, 누군가에게 전화하라는 일정을 캘린더에 추가하거나, 장보기 목록을 작성하거나, 아침 출근길에 교통 상황이 얼마나 혼잡한지 알아보는 등의 작업 등이 이에 해당한다.

우리는 이러한 가상 비서들과 다양한 방식으로 상호작용할 수 있지만, 이 비서들은 주로 우리의 음성 명령에 응답하도록 설계되어 있다. 그렇다면 이 가상 비서들은 우리 목소리에서 만들어내는 음파를 어떻게 우리가 이해할 수 있는 의미 있는 답변으로 바꿀까? 이는 음성을 텍스트로 변환하는 음성 인식(speech recognition)과 자연어 처리(natural language processing: NLP) 알고리즘—자연어 이해(natural language understanding: NLU)와 자연어 생성(natural language generation: NLG)을 포함한—등 일련의 AI 구성 요소를 사용하여 우리와 "대화"하는 방식으로 이루어진다.

얼굴 인식

여러분들은 스마트폰 잠금을 어떻게 해제하는가? 숫자로 된 비밀번호 코드를 입력할 수도 있지만, 요즘엔 얼굴 인식(facial recognition) 소프트웨어를 사용하는 것이 점점 더 일반화되고 있다. 예를 들어, 애플의 페이스 ID[16] 기능은 완벽하지는 않지만, 아이폰의 전면 카메라와 사용자에게 투사되는 수천 개의 작은 적외선 점을 사용해 얼굴의 3D 이미지를 얻는다. 이후 AI의 한 분야인 컴퓨터 비전 기술을 사용해 저장된 얼굴의 기하학적 정보를 바탕으로 그 얼굴이 맞는지 확인한다.

이 기술의 주목할 점은 각도와 조명이 매번 다름에도 불구하고 높은 정확도로 얼굴을 인식할 수 있다는 것이다. 또한, 사용자가 수염을 기르거나 화장을 하는 등 얼굴에 작은 변화가 생겨도 이에 맞춰 시스템이 조정되도록 설계되었다. 다만, 통계적으로 얼굴 인식 시스템이 어두운 피부톤을 가진 사람보다 밝은 피부톤을 가진 사람에게, 그리고 여성보다 남성에게 더 잘 작동하는 경우가 있었는데, 이는 5장에서 자세히 다룰 주제이다.

얼굴 인식은 단일한 기술이 아니다. 이것은 네 가지 주요 프로그램으로 나눌 수 있다. 얼굴 감지(face detection)는 이미지나 동영상에서 얼굴의 존재 여부를 판단하고, 얼굴의 위치를 찾는 것을 목표로 한다. 얼굴 속성 분석(facial attribute analysis)은 감지된 얼굴의 나이, 성별, 감정 상태와 같은 속성을 결정하도록 설계되었다. 얼굴 인증(face verification)의 목표는 주어진 얼굴이 이미 알려진 특정한 얼굴과 일치하는지 여부를 판단하는 것이다. 이는 스마트폰 잠금 해제에 사용되는 프로그램

16.
"About Face ID Advanced Technology." Apple Support, August 22, 2023, https://support.apple.com/en-us/102381. Accessed January 2, 2024.

유형이다. 마지막으로, 얼굴 식별(face identification)은 주어진 얼굴이 대규모 데이터베이스 내에 저장된 얼굴들 중 어떤 얼굴과 일치하는지 판단하는 데 중점을 둔다.

이러한 유형의 프로그램들은 특정한 AI와 함께 사용될 수 있으며, 각각의 프로그램은 어느 정도의 오류율을 가지고 있지만 점차 줄어들고 있다. 그러나 오류율은 아직 무시할 수 없는 수준이며, (흑인이나 여성 등) 특정 집단에서는 다른 집단보다 더 나쁜 결과를 보이는 것으로 나타났다. 이러한 문제는 5장에서 더 자세히 논의할 것이다.

얼굴 감지
- 얼굴이 화면에 존재하는지 판단
- 화면 내 얼굴의 위치 파악
- 사진 태그 및 감시 시스템의 초기 단계

얼굴 속성 분석
- 감성 상태 같은 얼굴의 특정 속성 판단
- 사용자 경험 연구 및 마케팅 분석에 사용

얼굴 인증
- 알려진 특정한 얼굴과 일치하는지 판단
- 신원 확인 시스템에서 일반적으로 사용

얼굴 식별
- 주어진 얼굴이 대규모 데이터베이스 내에 저장된 얼굴과 일치하는지 판단
- 법 집행 감시 시스템에서 사용되나 논란의 여지가 있음

그림 1.3. 얼굴 인식의 다양한 형태

이메일 스팸 필터링

오늘날 이메일을 확인하는 것은 위험한 행동이 될 수도 있다! 받은 편지함은 짜증나는 광고와 심지어 보안 및 프라이버시를 침해하려는 악성 사기로 끊임없이 공격받고

있다. 여러분들도 인생에서 한 번쯤은 이런 짜증나는
일들을 겪어 보았을 것이다. 다행히도 대부분의 원치 않는
이메일은 자동으로 받은 편지함에서 필터링되어 스팸
폴더에 저장되고 주기적으로 삭제된다. 그렇다면 이메일
플랫폼은 이메일을 받은 편지함에 넣어야 할지 스팸
폴더에 넣어야 할지 어떻게 결정하는가?

    이메일 플랫폼은 인공 신경망(artificial neural
networks), 짧게 말하면 신경망(neural networks)을
사용하여 알려진 스팸 이메일에 일반적으로 포함된
단어나 구문을 "학습"한다. 신경망은 인간의 뇌에서
영감을 받아 시행착오 과정을 통해 패턴을 학습하는 계산
모델이다. 스팸 필터의 신경망은 이 학습을 바탕으로
새로운 이메일을 받을 때 예측을 한다. 이 신경망은 들어온
메시지가 스팸인지 아닌지를 당신이 표시할 때마다
파라미터(설정값)를 계속 조정하여, 필터를 우회하여
받은편지함에 메시지를 전달하려는 스팸 메일 발송자들의
끊임없이 변화하는 전술에 대응할 수 있도록 돕는다.

기계 번역

만약 여러분들이 모국어와 다른 언어를 사용하는 나라를
여행한 적이 있다면, 거리 표지판의 의미를 알아내거나
가장 가까운 화장실 위치를 물어보기 위해 구글 번역과
같은 AI 애플리케이션을 사용한 적이 있을 것이다.
인공지능이 처음으로 적용된 과제 중 하나는 기계
번역(machine translation)으로서, 이는 인간 번역자의 개입
없이 한 언어를 다른 언어로 자동 번역하는 과정이다.

    외국어로 가득 찬 웹페이지를 방문했을 때, 최근
기계 번역 분야에서 이루어진 상당한 발전을 활용할

수 있는 또 다른 기회를 접하게 된다. 구글 크롬과 같은 최근 브라우저는 페이지 상단에 링크나 버튼을 제공하여 브라우저 자체가 페이지 내용을 사용자가 선택한 언어로 자동 번역하도록 한다. 이러한 AI 기반 기능은 완벽하지는 않으며, 전문 번역가가 동의하지 않을 결과를 제공하는 경우도 종종 있다. 하지만 말의 뉘앙스와 미묘함이 "번역 중 손실(lost in translation: 2003년의 미국 영화 제목이기도 함-역자 주)"된다고 해도 번역의 즉각성이라는 유용성을 부정하기는 어렵다.

지금까지 다룬 것들은 우리가 매일 접하는 많은 인공지능 사례와 유형 중 일부일 뿐이다. 지금까지는 우리가 사용자 관점에서 아주 피상적으로 다루었을 뿐이고, 앞으로 나올 장에서는 다양한 다른 접근 방식들에 대해서도 자세히 살펴보면서, 현실 세계 속 인공지능의 본질과 영향을 더 깊이 이해하기 위해 노력할 것이다.

생성형 AI

2022년 11월 30일 오픈AI가 챗GPT를 출시하면서 새로운 방식의 AI와의 상호작용이 폭발적인 인기를 끌었다. 챗GPT의 사용자는 단 2개월 만에 1억 명에 도달했으며, 이는 역사상 어떤 기술보다도 빠른 속도였다.[17] 챗GPT는 사용자가 입력한 일상 언어 기반의 프롬프트에 따라

17.
Hu, Krystal. "ChatGPT Sets Record for Fastest-Growing User Base Analyst Note." Reuters, February 2, 2023, https://www.reuters.com/technology/chatgpt-sets-record-fastest-growing-user-base-analyst-note-2023-02-01/.

텍스트 응답을 생성하는 대규모 언어 모델(large language model: LLM)을 사용하는 제품이다. 현재 시점에서 챗GPT의 기반이 되는 대규모 언어 모델인 오픈AI의 GPT-3.5와 GPT-4는 웹사이트, 책, 학술 논문, 뉴스 기사 등 방대한 텍스트 데이터로 학습되었다. 챗GPT 출시 이후 몇 주와 몇 달 동안, 구글과 바이두와 같은 주요 기술 기업들은 자체 대규모 언어 모델을 출시하기 위해 서둘렀으며, (누구나 소스 코드에 접근하여, 수정하고 배포 할 수 있는) 오픈 소스 모델도 빠르게 증가했다.

생성형 AI가 만들어낼 수 있는 콘텐츠는 텍스트만이 아니다. 미드저니, 스테이블디퓨전, 오픈AI의 DALL·E(2023년 10월 챗GPT에 통합됨)와 같은 제품들은 사용자가 입력한 프롬프트를 기반으로 이미지를 생성하며, 동영상을 출력해 주는 프로그램도 존재한다. 생성형 AI는 사회적 편향을 영속화시키는 경향성이나, 학습에 사용된 콘텐츠를 창작한 개인 및 단체와의 지적 재산권 관계 같은 많은 중요한 질문을 제기한다. 이러한 문제들은 아직 해결되지 않았으며, 5장에서 더 자세히 논의할 것이다.

요약

이 첫 장에서는 AI가 무엇인지에 대해 폭넓게 생각하면서, 다양한 관점에서 이해를 도와주는 여러 출처로부터의 정의를 검토하였다. AI의 정의에는 종종 인간 지능과의 비교가 포함되며, 일부 정의는 이를 더욱 구체화하여 데이터로부터 모델을 생성하거나 의사 결정을 위한 분석을 자동화하는 등 AI가 수행할 수 있는 다양한 행동 유형을 나열하기도 한다.

우리는 AI를 정의하는 것이 그리 간단하지 않다는 것을 깨달았다. 이는 부분적으로 "지능"이라는 단어 자체가 다양한 의미를 가질 수 있기 때문이며, 또 다른 이유는 AI의 정의가 고정되어 있지 않기 때문이다. AI 효과에 따르면, 사람들이 인공지능으로 간주하는 것들은 시간이 지나면서 변화해왔고, 이 때문에 단일하고 고정된 정의를 내리는 것이 거의 불가능해졌다.

하지만 강한 AI, 즉 인공 일반 지능(AGI)과 약한 AI, 즉 인공 협소 지능(ANI)을 구별하는 것은 가능하다. AGI는 다양한 문제를 인간만큼 혹은 인간보다 더 잘 해결할 수 있는 가상의 AI 유형으로서, 아직까지 한 번도 만들어진 적이 없다. ANI는 특정 작업을 수행할 수 있는 AI 유형으로서 우리 주변에서 쉽게 찾아볼 수 있는 것인데, 일반적으로 사람에 의해 수행되던 특정한(번역, 음성비서 등) 작업을 수행할 수 있는 프로그램이다.

18.
H. A. Simon, The Ford Distinguished Lectures, Volume 3: The New Science of Management Decision. (Harper and Brothers, 1960), p. 38.

제 2장: AI의 간략한 역사

"20년 내에 기계는 인간이 할 수 있는 모든 일을 수행할 수 있게 될 것이다."[18]

허버트 A. 사이먼, 1960

누군가를 진정으로 알기 위해, 그리고 그들이 왜 그런 모습을 가지게 되었는지 이해하려면, 그들이 걸어온 길을 돌아보는 것이 도움이 될 수 있다. 과거에 대한 올바른 이해는 현재에 대한 인식을 형성하는 데 도움이 될 뿐만 아니라, 어느 정도 미래를 예측하는 능력에도 기여할 수 있다. 이는 사람뿐만 아니라 관심 있는 어떤 주제에도 해당된다. 이를 염두에 두고, 역사의 기록을 살펴보면서 인공지능에 대해 좀 더 알아보도록 하자. AI를 알아가는 과정은 사실 우리 자신, 그리고 인류가 걸어온 길을 알아가는 것과 같음을 깨닫게 될 것이다.

고대부터 인간은 지능적으로 행동하는 기계라는 개념에 매료되어 왔다. 그리스 신화에서는 기원전 400년경의 탈로스 이야기가 초창기 사례로 제시된다. 신화에 따르면, 탈로스는 불과 금속 세공의 신인 헤파이스토스에 의해 순 청동으로 만들어진 거대한 휴머노이드(인간의 형상을 한 기계)였다. 탈로스는 크레타섬의 미노스 왕에게 건네져 그 섬을 침입자로부터 지키는 임무를 부여 받았다. 이아손과 그의 동료 아르고나우타이가 황금 양털을 얻은 뒤 섬에 접근했을 때, 탈로스는 거대한 바위를 아르고라는 배를 향해 던져 그들을 막았다. 전설에 따르면, 탈로스는 발목에 있는 청동 못이

제거되어 그를 살아있게 했던 신성한 액체가 빠져나가면서
패배했다고 한다.

　　이와 같은 인간의 형상을 한 기계의 예는 다양한 문화
속 설화에서도 찾아볼 수 있다. 기원전 3세기의 도교 문헌인
열자(列子)에는 기계공 연활(燕寥)에 대한 흥미로운 이야기가
등장한다. 연활은 주나라의 목왕(穆王)에게 걸을 수 있고,
자세를 취하며, 완벽한 음조로 노래할 수 있는 실물 크기의
자동 인형(automaton)을 선보였다.[19] 갑자기 이 로봇이 참석한
여성들에게 윙크를 하며 추파를 던지기 시작하자, 당황한 연활은
재빨리 발명품을 분해하여 로봇이 사실은 가죽과 나무 같은
재료로 만들어졌음을 보여줌으로써 (분노한) 목왕을 진정시켜야
했다. 다행히 그 로봇은 완전히 분해 되었고 목왕은 그걸보고
매우 흡족해 했다고 한다.

튜링 테스트

이토록 오래 된 신화와 전설에도 불구하고, 대부분의 AI 전문가들은 자신들의 분야의 시작을 20세기 중반으로 거슬러 올라가 추적한다. 이 시기는 영국의 수학자 앨런 튜링과 미국의 컴퓨터 과학자 존 맥카시를 포함한 초기 선구자들의 작업에서 비롯되었으며, 여기에 마빈 민스키, 클로드 섀넌, 앨런 뉴웰, 허버트 A. 사이먼 등의 인물이 함께했다. AI의 기원이 남성 중심적이었다는 점은 부정할 수 없으며, 이러한 사회적 편향은 이 분야와 그 결과물에 계속해서 그림자를 드리우고 있다. 이와 관련된 문제는 이후에 나올 장에서 더 자세히 다룰 것이다.

1940년대에 블렛클리 파크(2차 대전 때 운영되던 영국의 암호 해독 센터)에서 나치의 암호 장치인 에니그마 기계의 코드를 해독하는 팀을 도운 후, 앨런 튜링은 "기계는 생각할 수 있는가?"라는 질문으로 관심을 돌렸다. 튜링은 이 질문 자체를 (생각한다는 개념 자체가 모호하고 정의하기 어렵다는 이유 등으로-역자 주) "논의 자체가 무의미하다"고 여겼으며, 1950년에 철학 학술지 『마인드』에 「계산하는 기계 그리고 지능(Computing Machinery and Intelligence)」이라는 논문을 발표했다. 이 논문에서 그는 "모방 게임(the imitation game)"이라는 게임 형식으로 위 질문(기계는 생각할 수 있는가)을 대체하는 새로운 질문을 제안했다.[20]

튜링의 모방 게임은 오늘날 우리가 튜링 테스트(Turing test)라고 부르는 형태로, 세 명의 참가자가 포함된다.

19.
Lieh-tzu, Taoist Teachings, trans. Lionel Giles (London: Murray, 1912), https://archive.org/details/taoistteachings00liehuoft/page/n5/mode/2up

20.
A. M. Turing, "Computing Machinery and Intelligence." Mind 59 (1950): 433460, http://dx.doi.org/10.1093/mind/LIX.236.433

1) 인간 심문자 또는 심사자(human interrogator or judge), 2) 인간 참가자(human contestant), 3) 기계 참가자(machine contestant)이다. 심사자는 참가자들과 분리되어 있으며, 텍스트만 사용 가능한 인터페이스를 통해 질문을 던질 수 있다. 그리고 답변을 바탕으로 두 참가자 중 누가 인간이고 누가 기계인지 구별하려 시도한다. 만일 두 답변 중 어떤 답변이 컴퓨터가 한 것이고 어떤 답변이 사람이 한 것인지를 판단하지 못하면, 컴퓨터는 테스트에 합격한 것으로(지능적인 것으로) 간주된다.

그림 2.1. 튜링 테스트를 묘사한 카툰 스케치

튜링 테스트는 AI 분야에 엄청난 영향을 끼쳤지만, 동시에 많은 논란을 불러일으켰다. 비평가들은 이 테스트가 오직 언어 능력에만 초점을 맞추며, 올바름(correctness)이나 정확성(accuracy)과는 아무런 관련이 없고, 프로그램이 인간을 흉내 내거나 심지어 속이는 능력을 지나치게 강조한다고 지적했다. 다른 이들은 속임을 당한 심사자가 단순히 순진했거나, 아니면 챗봇의 프로그래머들이 특별히 영리했을 수 있다고 지적했다.

대중적으로 주목받은 몇몇 경연 대회 이후 튜링 테스트를 통과했다는 몇몇 주장이 수년간 자랑처럼 내세워졌지만, 이러한 주장들은 사실이 아니라고 널리 반박되는 경우가 많았으며, 대부분의 전문가들은 튜링 테스트를 명확히 통과했다고 인정할 만한 AI가 아직 등장하지 않았다고 판단했다. 일부는 튜링 테스트가 AI 역사에서 흥미로운 유산이기는 하지만, 오늘날의 기술 발전과는 크게 관련이 없다고 생각한다. AI는 언젠가 튜링 테스트를 확실히 통과할 수 있을까? 두고 볼 일이다. 앨런 튜링은 자신이 고안한 이 게임에서 컴퓨터가 자신의 세기가 끝나기 전에 상당히 좋은 성과를 낼 수 있을 것이라고 믿었다:

> "나는 약 50년 후에는 컴퓨터를 프로그래밍하여 모방 게임을 매우 잘 수행하도록 만들 수 있을 것이라고 믿는다. 그래서 (그러한 미래에는) 평균적인 심사자가 5분간의 질문 후에 (사람인지 컴퓨터인지) 올바로 구별할 확률이 70%를 넘지 못할 것이다."[21]

이 특정 기준—5분간의 대화 후 70% 이상의 확률로 식별할 수 있는 능력—은 AI 분야에서 일종의 리트머스(판단 기준)이자 성배(궁극적 목표)와 같은 지위를 얻게 되었다. 튜링이 제안한 테스트를 20세기 말 이전에 AI가 통과할 것이라는 그의 예측은 실현되지 못했지만, 다양한 방면에서 기계가 대화할 수 있는 능력이 확장될 것이라는 믿음은 올바른 것으로 판명되었다.

21.
Ibid.

오늘날 가장 발전된 AI 챗봇들은 MMLU(Measuring Massive Multitask Language Understanding: 대규모 다중 작업 언어 이해 평가)[22]와 같은 다양한 테스트와 벤치마크를 통해 서로 비교되고 있다. 그러나 튜링 테스트의 매력은 여전히 남아 있다. 챗GPT와 같은 현대 AI 챗봇이 보여주는 능력이 매우 놀라운 것은 의심의 여지가 없지만, 그것이 튜링 테스트를 통과했는지, 또는 향후에라도 제대로 사고할(think) 수 있을지에 대해서는 여전히 의견이 분분하다.

AI 분야의 탄생

AI가 공식적인 학문 분야로 탄생한 것은 1956년 여름, 뉴햄프셔주 하노버에서 열린 한 행사로 거슬러 올라간다. 오늘날 간단히 다트머스 워크숍으로 알려진 이 행사는 당시 다트머스대학교 수학과 조교수였던 존 맥카시가 주도한 것이었다. 이 행사는 인류 역사의 흐름을 바꾸는 계기가 되었다.

그 일이 있기 1년 전, 28세였던 존 맥카시는 록펠러 재단에 13,500달러(2024년 기준 약 16만 달러에 해당)의 자금 지원을 요청했다. 이 금액은 여덟 명의 인건비, 여행 경비, 장소 대여비, 그리고 기타 경비를 충당하기 위한 것이었다. 맥카시는 이 요청을 공식적으로 제출하기 위해 하버드의 마빈 민스키, IBM의 네이선 로체스터, 벨 연구소의 클로드 섀넌을 설득하여 그들을 참여시켰다.

1955년, 이들이 함께 록펠러 재단에 제출한 문서는 "다트머스대학교 하계 인공지능 연구 프로젝트 제안서"라는

22.
Mantas Mazeika, Dawn Song, and Jacob Steinhardt. "Measuring Massive Multitask Language Understanding." ICLR 2021.
https://doi.org/10.48550/arXiv.2009.03300

23.
J. McCarthy, M. Minsky, Rochester, etal. "A Proposal for the Dartmouth Summer Research Project on Artificial Intelligence."
https://raysolomonoff.com/dartmouth/

제목으로서, 존 맥카시[23]가 만들어낸 "인공지능"이라는 용어가 처음으로 소개된 사례로 널리 알려져 있다. 이 제안서는 다음과 같이 시작된다:

> 저희는 1956년 여름 뉴햄프셔주 하노버에 위치한 다트머스대학교에서 인공지능에 대해 2개월 동안 10명이 참여하는 연구를 수행할 것을 제안 드립니다. 이 연구는 학습의 모든 측면이나 지능의 다양한 모든 특징이 원칙적으로 매우 정확하게 기술될 수 있으며, 기계가 이를 모방할 수 있도록 만들어질 수 있다는 가정에 기초하여 진행될 것입니다. 기계가 언어를 사용하고, 추상화와 개념을 형성하며, 현재는 인간에게만 국한된 다양한 종류의 문제를 해결하고, 스스로를 개선할 수 있는 방법을 찾으려는 시도가 이루어질 것입니다. 저희는 신중하게 선택된 과학자 그룹이 하계 기간 동안 함께 작업한다면 이러한 문제들 중 하나 이상에서 중요한 진전을 이뤄낼 수 있을 것이라고 생각합니다.

결국 이 제안은 승인되었고, 약 20명이 이 컨퍼런스에 참석했으며, 이는 1956년 6월 18일부터 8월 17일 사이의 약 6주에서 8주에 걸쳐 진행되었다. 이 워크숍에서 다루어진 주제들―컴퓨터, 자연어 처리, "뉴런 넷츠"(현재는 신경망이라 불림), "자가 개선(self-improvement)"(현재는 머신러닝이라 불림), 추상화, 창의성―은 오늘날까지도 이 분야를 정의하고 있다.

AI의 황금기, 1956-1974

다트머스 워크숍은 참석한 창립 멤버들이 규정한 과제들을 아무것도 해결하지 못했지만, 인공지능 분야 전체에 대해 강한 열정과 낙관주의를 불러일으켰다. 워크숍 이후 처음 20년은 "AI의 황금기"로 불리게 되었다. 창립자들은 결국 자신들이 다루던 문제들이 처음 생각했던 것보다 훨씬 더 해결하기 어렵다는 것을 알게 되었다. 그러나 궁극적으로 이 워크숍은 엄청난 가능성을 가진 여정을 시작하는 출발점이 되었으며, 그 과정에서 여러 좌절도 겪게 되었다.

로직 시어리스트

1956년 다트머스 워크숍에서 앨런 뉴얼, 허버트 A. 사이먼, 그리고 클리프 쇼는 동료 참가자들에게 오늘날 일부 사람들이 최초의 인공지능 프로그램이라고 간주하는 로직 시어리스트(Logic Theorist)를 선보였다(일부 사람들은 1952년에 아서 사무엘이 IBM 701 메인프레임 컴퓨터를 위해 작성한 체커 게임(체스와 유사한 보드 게임) 프로그램을 최초의 인공지능 프로그램으로 간주하기도 한다). "논리 이론 기계(The Logic Theory Machine)"라고도 불렸던 이 프로그램은 당시 워크숍에서 아무도 그 가치를 완전히 이해하지 못했지만, 중요한 돌파구 역할을 했다. 이 프로그램은 여러가지 수학 정리를 증명할 수 있었고, 심지어 기존에 알려진 것보다 더 간결한 새로운 증명을 제시하기도 했다.[24] 이렇게 초창기부터, AI라는 분야는 단순히 워크숍과 컨퍼런스에만 머물지 않았으며, 혁신과 문제 해결에도 초점을 맞추어 왔다.

24.
A. Newell and H. Simon, "The logic theory machine: A complex information processing system," IRE Transactions on Information Theory 2 (no. 3, September

기호적 AI와 하위기호적 AI

다트머스 워크숍 이후, AI 분야는 본격적으로 발전하기 시작했다. 로직 시어리스트(Logic Theorist)를 포함한 대부분의 초기 연구는 기호적 AI(symbolic AI)라고 불리는 규칙 기반 접근 방식을 사용했으며, 이는 AI의 두 개의 주요 분파(기호적 AI 및 하위기호적 AI) 중 하나였다. 기호적 AI는 미리 정의된, 사람이 설계한 규칙을 사용하여 지식을 명시적으로 인코딩하는 방식이다. "기호적"이라는 단어는 이러한 유형의 프로그램에 포함된 지식이 보통 사람이 이해할 수 있는 단어 또는 구문 형태의 기호로 표현된다는 점에서 유래되었다. 따라서 프로그램에 인코딩된 규칙은 인간의 추론을 모방하는 논리를 포함하고 있다.

기호적 AI는 AI 초기 시대의 지배적인 패러다임이었기 때문에, 종종 "고전적 AI"라고도 불린다. 이 책의 후반부에서는 AI의 초기 갈래인 기호적 AI와 다른 주요 갈래인 하위기호적 AI(subsymbolic AI)를 대조해 볼 것이다. 하위기호적 AI에는 오늘날의 지배적인 AI 패러다임인 딥러닝이 포함된다. 기호적 AI의 규칙 기반 접근 방식과는 달리, 하위기호적 AI는 대량의 데이터를 통해 학습하고 패턴을 찾는 데 중점을 둔다. 하위기호적 AI는 수많은 연결된 노드로 이루어진 인공 신경망을 강조하기 때문에, 일부는 이를 "연결주의 AI"라고 부르기도 한다(이 중요한 주제는 곧 더 자세히 다룰 것이다).

그림 2.2. 고전적 AI와 연결주의 AI를 대조적으로 묘사한 스케치

일반 문제 해결기

로직 시어리스트를 개발했던 팀은 또 다른 규칙 기반의 기호적 AI 프로그램을 함께 개발하게 되었다. 1957년에 뉴웰, 사이먼, 그리고 쇼는 일반 문제 해결기(General Problem Solver), 줄여서 GPS를 만들었다(오늘날 더 흔히 사용되는 위성항법창치를 말하는 GPS와 혼동하지 말 것). 이름에서 알 수 있듯이, GPS는 다양한 문제를 처리할 수 있도록 설계되었다. 개발자들은 이를 문제 해결 과정을 자체적으로 통합하려는 시도로 간주했으며, 이를 통해 지능적인 행동의 한 형태를 보여주고자 했다.

GPS의 설계는, 수학적 증명이나 체스 움직임과 같은 기호 논리 문제를 해결하는 대학생들에게 생각하는 과정을 하나하나 소리 내어 표현하라(think aloud)고 요청한 다음, 이를 관찰한 결과를 바탕으로 이루어졌다.

25.
A. Newell, J. C. Shaw, and H. A. Simon, "Report on a general problem solving program," IFIP Congress 256 (1959): 64.

GPS-I는 이전 프로그램인 로직 시어리스트에서 발전한 것으로서, 명제 계산(명제의 참 거짓을 밝혀내는 것)을 통해 정리(예: 삼단논법 등)를 증명할 수 있는 방법을 찾는 프로그램이다. GPS-I는 증명을 해내려고 시도하는 대학생들의 행동을 기록하는 것에 맞춰진 시도이다.[25]

GPS는 "하노이 탑"과 같은 특정 유형의 명확히 정의된 논리 퍼즐을 해결할 수 있었다. 하노이 탑에서는 플레이어가 크기가 점점 작아지는 원반 더미를 하나의 막대에서 다른 막대로 옮겨야 하며, 한 번에 하나의 원반만 이동시킬 수 있고, 더 큰 원반을 더 작은 원반 위에 올려놓아서는 안 된다.

그림 2.3. 하노이 탑 퍼즐을 묘사한 스케치

제 2장: AI의 간략한 역사

[역자 주] 하노이의 탑을 좌측 슬롯에서 우측 슬롯으로 옮기는 과정에 대한 생각을 소리 내어(think aloud) 나열한 사례

1. 좌측 슬롯에 있는 가장 작은 원반을 먼저 옮겨야 한다. 우측으로 옮긴다.
2. 이번엔 좌측 슬롯에 있는 중간 크기 원반을 가운데 슬롯으로 옮긴다.
3. 이제 우측 슬롯에 남아 있는 작은 원반을 가운데 슬롯으로 옮긴다. 왜냐하면 큰 원반이 자리할 공간을 만들어야 하기 때문이다.
4. 큰 원반을 좌측 슬롯에서 비어 있는 우측 슬롯으로 옮긴다.
5. 이제 남은 원반들을 가운데 슬롯에서 우측 슬롯으로 정리해야 한다. 우선, 가운데 슬롯에 있는 작은 원반을 다시 좌측 슬롯으로 옮긴다.
6. 가운데 슬롯에 있는 중간 크기 원반을 우측 슬롯으로 옮긴다.
7. 마지막으로 좌측 슬롯에 있는 작은 원반을 우측 슬롯으로 옮긴다. 모든 원반이 크기 순서대로 옮겨졌다.

GPS는 이러한 특정 유형의 문제를 해결하는 데 성공적이었지만, 실제 세계의 문제를 해결하는 데에는 미치지 못했다. 실제 세계의 문제는 논리 퍼즐이나 수학적 증명보다 훨씬 더 복잡하고 구조적으로 훨씬 더 엉성하기 때문이다. 그럼에도 불구하고, GPS는 로직 시어리스트와 마찬가지로 AI 분야 역사에서 중요한 진전을 나타냈다. 이러한 초기 형태의 규칙 기반 프로그램들은 이전에

인간 지능이 필요하다고 여겨졌던 문제를 해결하기 위해 컴퓨터를 어떻게 사용할 수 있는지에 대한 이해를 발전시켰다.

ELIZA "챗터봇"

교과서에 나오는 문제와 퍼즐을 푸는 것이 지능의 한 측면이라면, 지능의 또 다른 측면은 인간과 대화를 나눌 수 있는 능력이다. 이는 결국 튜링 테스트의 기반이 되는 바로 그 행동 유형이다. 이러한 행동 유형을 연구하는 분야를 자연어 처리(Natural Language Processing:NLP)라고 하며, 이는 AI, 컴퓨터 과학, 언어학의 교차점에 위치한다. NLP는 컴퓨터가, 프로그래밍 언어나 코드가 아니라, 우리가 이해할 수 있는 일상 언어를 사용해 우리와 상호작용할 수 있는 능력을 갖추게 하는 데 중점을 둔다.

컴퓨터가 대화를 나눌 수 있도록 만들기 위한 최초의 시도 중 하나는 ELIZA이다. 이는 창시자인 MIT 교수 조지프 와이젠바움이 개발했다. 와이젠바움은 독일계 미국인 컴퓨터 과학자로, 그의 유대인 가정은 홀로코스트를 피해 1936년, 그가 13세였을 때 미시간주 디트로이트로 이주했다. 이후 그는 웨인주립대학교에서 수학을 공부했고, 제2차 세계 대전 동안 미국 육군 항공대에서 기상학자로 복무했다. 복무를 마치고 돌아온 후 학부와 대학원에서 수학 학위 과정을 마쳤으며, 이후 제너럴 일렉트릭에서 근무하다가 1964년 MIT에 자리를 잡게 되었다.

1966년 MIT에 재직 중이던 와이젠바움은 ELIZA를 개발하고, 「ELIZA – 인간과 기계 간 자연어 통신 연구를 위한 컴퓨터 프로그램」이라는 논문을 발표했다. 그는 이 "챗터봇(chatterbot)"—오늘날 우리가 흔히 "AI 챗봇(AI chatbot)"이라고 부르는 프로그램의 한 유형―의 이름을 조지 버나드 쇼의 1913년 희곡 피그말리온에 나오는 가상의 인물인 일라이자 둘리틀에서 따왔다. 극 중 그 인물은 1964년 뮤지컬 영화 마이 페어 레이디에서 오드리 헵번이 연기한 캐릭터로, 가난한 거리의 상인이지만, 상류 사회로 들어가 런던의 사회 지도층처럼 말하고 행동하는 법을 배우는 사람이다.

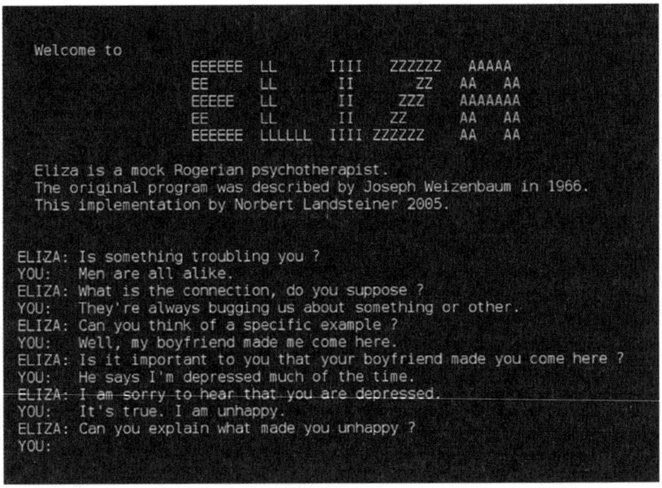

그림 2.4. 노버트 랜드스테이너[26]가 2005년 재현한 ELIZA의 스크린샷. 게재 허가[27]를 받았음

ELIZA:
무언가 걱정되는 일이 있나요?

당신:
남자들은 다 똑같아요.

ELIZA:
거기 무슨 연관성이 있죠?

당신:
남자들은 항상 우리에게 뭔가 잔소리를 해요.

ELIZA:
구체적인 예를 들어줄 수 있나요?

당신:
음, 제 남자친구가 여길 와보라고 했어요.

ELIZA:
당신의 남자친구가 당신을 여기 오게 한 것이 당신에게 중요하다고 생각하나요?

당신:
그 사람은 제가 자주 침울해 보인다고 말했어요

ELIZA:
당신이 침울해한다고 하니 안타깝네요.

당신:
사실이에요. 힘들어요.

ELIZA:
무엇이 당신을 힘들게 만들었는지 설명해줄 수 있어요?

26.
N. Landsteiner, "Elizabot." Masswerk, https://www.masswerk.at/elizabot/. Accessed January 12, 2024.

27.
File:ELIZA conversation.jpg, Public domain, via Wikimedia Commons, https://commons.wikimedia.org/wiki/File:ELIZA_c

극 중의 일라이자 둘리틀처럼, ELIZA는 특정한 대화 스타일을 모방하고 본질적으로 사람들을 속이기 위해 따라야 할 규칙 세트를 부여받았다. 와이젠바움은 자신의 프로그램이 작동하는 방식을 다음과 같이 설명했다:

> ELIZA는 MIT의 MAC이라는 시분할 시스템 내에서 작동하는 프로그램으로서, 인간과 컴퓨터 간 특정 유형의 자연어 대화를 가능하게 한다. 입력된 문장은 텍스트에 나타나는 키워드에 의해 활성화되는 분해 규칙을 기반으로 분석된다. 응답은 선택된 분해 규칙과 연결된 재구성 규칙에 의해 생성된다.[28]

다시 말해, ELIZA는 인간 언어를 전혀 이해하지 못했다. 그것은 일종의 교묘한 속임수였으며, 사용자가 입력한 텍스트를 텍스트 응답으로 변환하는 명시적인 규칙 세트로 구성된 기발하지만 비교적 단순한 프로그램이었다. 이는 종종 사용자에게 실제 사람과 상호작용하고 있다는 인상을 주었다.

다음은 와이젠바움이 앞서 언급한 논문에서 설명한, ELIZA가 상호작용하도록 설계된 방식을 보여주는 예이다:

> 당신: "나 요즘 너무 힘들어요"
> ELIZA: "요즘 너무 힘들었던 기간이 얼마나 되었나요?"

ELIZA의 코드는 이 사례에서 "I am"이라는 키워드에 의해 반응되었으며, "How long have you been..."으로 시작하는 출력 결과를 생성하는 정해진 규칙을 따랐다. 이는 로저스식(Rogerian: 인간 중심적인) 심리치료사가 명확한 정보를 얻으려고 하는 것처럼 들리게 설계된 것이다. 와이젠바움은 추가적으로 이와 유사한 응답이 다음과 같은 방식으로 생성될 수 있다고 설명했다.

당신: "나는 블라블라이다."
ELIZA: "블라블라였던 기간이 얼마나 되었나요?"

ELIZA의 코드는 대화 중에 나타나는 키워드를 기반으로 입력을 출력으로 변환하기 위한 다른 유사한 규칙도 포함하고 있었다. 프로그램 내부에 정말로 "요즘 너무 힘들었던 기간"이나 "블라블라였던 기간"을 진심으로 알고 싶어 하는 의식적이거나 지각 있는 존재가 있었을까? 물론 아니었다.

그러나 놀랍고도 당혹스럽게도, 와이젠바움은 많은 사람들이 그의 기발한 코드가 생성한 응답 뒤에 누군가가 실제로 존재한다고 느꼈다는 것을 알게 되었다. 더 나아가, 일부 사람들은 그의 프로그램과 정서적인 연결을 형성한 것처럼 보이기도 했다. 심지어 그의 비서는 와이젠바움에게 방을 떠나달라고 요구하며, ELIZA와 개인적으로 계속 대화를 나누고 싶어 했다.

이런 사실들을 알고 난 후, 와이젠바움은 큰 충격을 받았고, 그 후 그는 AI 분야가 나아가는 방향에 반대하는 목소리를 내기 시작했다. 그는 몇 권의 책을 썼는데, 그

28.
J. Weizenbaum, "ELIZA – a computer program for the study of natural language' communication between man and machine," Communications of the ACM 9 (1966): 36-45.

책에서 그는 동료들 중 일부를 비판했고, 특히 심리 치료와 같은 도덕적 함의를 갖는 진정한 인간 대 인간의 상호작용이 (기계와의 상호작용과 달리) 특별하고 고유하다는 점을 간과하는 세상의 흐름에 대해 반대하는 의견을 표현했다.

그의 비판은 AI 분야 내에서 많은 논쟁을 불러일으켰지만, 와이젠바움은 여전히 컴퓨터 과학에서 존경받는 인물로 남았다. 2008년에 그가 세상을 떠났기 때문에, 오늘날 워봇(Woebot)과 같은 온라인 정신 건강 플랫폼에서 에이전트로 사용되거나, 사용자에게 우정과 로맨틱한 인연의 환상을 심어주는 이른바 "AI 동반자"인 레플리카(Replika)와 같은 AI 챗봇의 활용에 대해 그가 얼마나 불쾌해 할지 우리는 상상만 할 수 있을 뿐이다.

첫 번째 AI 겨울, 1974-1980

와이젠바움의 대표작 『컴퓨터 파워와 인간의 이성(Computer Power and Human Reason)』은 1976년에 출간된 강도 높은 내부 비판서로서, 이는 이른바 첫 번째 "AI 겨울(AI winter)"이라 불리는 시기의 초기에 나온 것이다. AI 겨울이란 AI 분야의 연구와 작업에 대한 관심과 자금 지원이 감소하는 기간을 말한다. 1970년대 중반에서 후반까지는 첫 번째 침체기였지만, 이것이 마지막은 아니었다. 일반적으로, 이 분야는 대중들 사이에서 약 10년 정도마다 지속되는 열광의 물결과 실망의 물결이 반복적으로 나타나며 영향을 받아왔다. 왜 그런 것일까?

수년간 AI에 대한 관심이 증가했다가 감소한 데에는 여러 가지 이유가 있다. 실제로, 뚜렷한 "하이프 사이클(hype cycle: 기술 도입 과정에서 나타나는 전형적인 단계를 말함 - 역자 주)"이 흔히 관찰되는데, 이는 관심과 활동이 증가하는

"AI 봄"과 "AI 여름"이 뒤따르고, 그 후에는 불가피해 보이는 "AI 겨울"로의 축소와 침체가 이어지는 패턴이다. 산타페 연구소의 멜라니 미첼은 자신의 논문 「왜 AI는 우리가 생각하는 것보다 더 어려운가(Why AI is harder than we think)」에서 이 패턴을 다음과 같이 설명했다:

> 1950년대에 시작된 이래로, 인공지능 분야는 낙관적인 예측과 대규모 투자로 특징지어지는 "AI 봄"과, 실망, 확신의 소멸, 그리고 펀딩 축소로 이어지는 "AI 겨울" 사이를 여러 번 순환해왔다.[29]

1970년대 중반에 시작된 첫 번째 AI 겨울은 "과대 약속"과 "과소 성과"의 전형적인 사례라고 할 수 있다. 간단히 말하면, 다음과 같은 일이 벌어진 것이다. AI 초기 시절, 이 분야의 전문가들은 자연어 처리나 컴퓨터 비전과 같은 일반적인 능력에서 곧 일어날 돌파구에 대해 일련의 대담한 예측과 약속을 내놓았지만, 그것들이 실현되지는 않았다. 예를 들어, 이 장의 맨 앞 인용문에 나왔던 1960년 AI 개척자 허버트 A. 사이먼의 지나치게 낙관적인 예측을 다시 떠올려 보자:

> "20년 내에 기계는 인간이 할 수 있는 모든 일을 수행할 수 있게 될 것이다."

29.
Melanie Mitchell. 2021. "Why AI is harder than we think," Proceedings of the Genetic and Evolutionary Computation Conference (GECCO '21), Association for Computing Machinery, New York, 3. https://doi.org/10.1145/3449639.3465421

이러한 발언들에 근거해 보면, AI에 대한 관심이 급증했다가 소멸하는 것은 전혀 놀랄 일이 아니다. 또 다른 사례로는 1966년 여름 비전(컴퓨터 비전) 프로젝트를 들 수 있다. 이는 MIT의 시모어 페퍼트가 조직한 프로젝트로서, 약 10명의 학부생을 동원해 "패턴 인식 개발의 주요 이정표가 될 정도로 정교한 시스템"을 구축하는 것을 목표로 했다.[30] 그러나 컴퓨터 비전에서의 중대한 진전은 여름 한 시즌 동안 10명의 학부생만으로는 이루어 내기 어려웠고, 이를 위해 훨씬 더 많은 시간과 노력이 필요하다는 것이 밝혀졌다.

초기의 장밋빛 약속들은 처음에는 높은 수준의 자금 지원과 미디어의 관심을 이끌어냈다. 그러나 기대했던 것보다 그것을 구현해 내는 것이 훨씬 더 어렵다는 것이 드러나거나, 실제 결과물이 기대에 미치지 못했을 때, 마침내 환상에서 깨어나게 되었고, 관심은 다른 곳으로 옮겨갔으며, 결국 펀딩도 고갈되었다. 하지만 이 패턴에 따르면, 이러한 기근의 시기는 결국 다음 번의 열광적인 투자 경쟁의 기반을 마련하는 역할을 했다.

구글 북스 엔그램 뷰어(Google Books Ngram Viewer)에서 "인공지능(artificial intelligence)"이라는 용어의 선 그래프를 간단히 살펴보면, 1950년에서 2019년 사이 문헌들의 텍스트 자료(corpus)에서 이 용어가 등장한 빈도가 어떻게 변했는지 알 수 있다. 크고 작은 사용량의 급증이 모두 눈에 띈다.

30.
Seymour Papert, "The Summer Vision Project," Massachusetts Institute of Technology, Project MAC, 1966.

31.
Google Books Ngram Viewer, http://books.google.com/ngrams

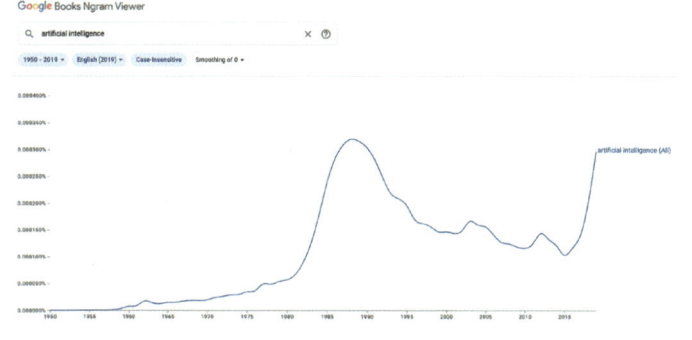

그림 2.5. "Artificial Intelligence"에 대한 구글 북스 엔그램 검색 결과[31]

전문가 시스템의 부상과 쇠퇴, 1980년대-1990년대 초

그림 2.5의 선 그래프에서 놓칠 수 없는 특징 중 하나는 1980년대 초에 선이 극적으로 상승하다가, 1987년경 정점을 찍은 뒤 1990년대 초에 하락하는 모습이다. 이 곡선의 종 모양은 AI의 "여름"과 "겨울" 패턴을 매우 잘 보여주며, 특정 용어가 책 속에 등장하는 상대적 빈도를 해당 용어의 전반적인 중요성과 인기를 나타내는 지표라고 볼 수도 있을 것 같다.

그렇다면 무엇이 AI 파도의 특정한 상승과 하강을 이끌었을까? 구글 북스 엔그램 뷰어의 또 다른 버전의 선 그래프를 살펴보면 그 답에 대한 단서를 얻을 수 있다. 그림 2.6에서는 "인공지능"이라는 용어의 트렌드를 보여주는 선과 함께 "전문가 시스템(expert systems)"이라는 용어의 추세를 보여주는 두 번째 선이 나타난다. 이 두 선을 보면, 1980년대 두 용어의 급증이 거의 완벽히 일치한다는 것을 알 수 있다.

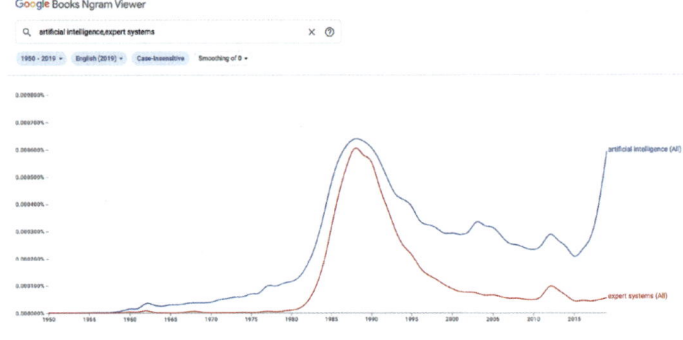

그림 2.6 "artificial intelligence(인공지능)"와 "expert systems(전문가 시스템)"에 대한 구글 엔그램 검색[32]

    이 관계는 단순한 우연이 아니다. 실제로, 그 당시 "인공지능"이라는 용어 사용의 급증은 전문가 시스템에 대한 관심의 부상과 쇠퇴에 의해 촉발되었다. 사실, 그 기간 동안 책에서 "인공지능"의 사용 빈도는 "전문가 시스템"의 사용 빈도를 약간 앞질렀을 뿐이며, 이는 두 곡선 사이의 간격이 작은 것을 보면 알 수 있다.

    그렇다면 전문가 시스템이란 무엇이며, AI와 어떤 관련이 있을까? "전문가 시스템(expert systems)"이라는 용어는 특정 분야에서 사전에 정의된 규칙과 지식 베이스를 사용하여 해당 분야의 사람 전문가가 내릴 법한 결정을 모방하는 AI 프로그램을 가리킨다. 이미 알다시피, 이는 전문가 시스템이 기호적 AI(Symbolic AI) 또는 고전적 AI의 대표적인 사례임을 의미한다. 전문가 시스템은 또한 일반적으로 사용자가 정보를 입력하면 특정 사례나 상황을 처리하는 방법에 대해 프로그램의 지침을 받을 수 있도록 하는 인터페이스를 특징으로 한다. 이들을

32.
Ibid.

33.
John P. McDermott, "R1: an Expert in the Computer Systems Domain." AAAI Conference on Artificial Intelligence (1980).

의사결정 지원 시스템(decision support systems)이라고 칭하기도 했으며, 1980년대에 엄청난 인기를 끌었다.

예를 들어, 1980년, 전문가 시스템의 물결이 시작되던 시점에 DEC(당시 유명했던 컴퓨터 회사 이름-역자 주)는 R1이라는 규칙 기반 시스템을 구현했다. 이 시스템은 내부적으로 XCON이라고도 불렸으며, 이는 "eXpert CONfigurer"의 약자였다. 이 프로젝트의 주요 개발자인 카네기멜론 대학교의 존 맥더모트에 따르면, R1의 목적은 DEC가 고객의 컴퓨터 구매 주문을 처리하는 데 도움을 주는 것이었다:

> R1의 전문 분야는 DEC의 VAX-11/780 시스템의 구성을 설정하는 것이었다. 그 입력은 고객의 주문이었고, 출력은 주문 내 구성 요소들 간의 관계를 공간적으로 나타내 주는 다이어그램 세트였다. 이 다이어그램은 시스템을 물리적으로 조립하는 기술자들에 의해 사용되었다.[33]

맥더모트는 1999년에 인공지능진흥협회(AIII)에서 클래식 페이퍼 어워드를 수상한 논문에서, 일반적인 VAX-11/780 시스템이 캐비닛, 주변 장치, 드라이버, 케이블과 같은 약 90개의 다양한 구성 요소로 이루어져 있으며, 이들 구성 요소가 함께 사용될 수 있는 방법에 대한 많은 규칙이 있음을 설명하였다. 다음은 그의 프로그램의 성능과 영향에 대한 그 스스로의 평가이다:

그 프로그램이 생성하는 구성 설정(configuration)은 항상 적절하며, 시스템을 실제로 조립하는 기술자들에게 제공되는 정보는 이 작업을 수행하는 인간이 만들어내는 정보보다 훨씬 더 구체적이다.[34]

1980년대에는 다양한 제조 환경뿐만 아니라 의료 진단, 금융 투자 결정, 지질학 및 광물 탐사 등 다양한 분야에서 사람들의 의사결정을 돕기 위해 다양한 전문가 시스템들이 개발되었다. 나는 1986년 베서니 컴퓨터 시스템이라는 소프트웨어 회사를 캘리포니아에서 창립한 나의 아버지 리처드 존스가 자신이 고객을 위해 만들고 있는 프로그램에 대해 자신있게 이야기하던 때를 분명하게 기억한다. 그 프로그램은 배송 트럭에 적재해야 할 상자의 수와 적재 순서를 결정하는 데 도움을 주어, 운전 거리와 상하차 시간을 최소화하기 위한 것이었다.

그림 2.6의 곡선이 보여주듯, "전문가 시스템"이라는 용어의 사용은 1980년대 후반부터 감소하기 시작했으며, 이 하락은 1990년대 동안 계속되었다. 같은 기간 동안 "인공지능"이라는 용어의 사용도 감소했다. 전문가 시스템의 감소는 많은 사람들이 두 번째 AI 겨울로 간주하는 시기와 일치하며, 이는 1990년경 시작되어 2000년대 초까지 지속되었다.

그 동안 무슨 일이 일어난 걸까? 전문가 시스템은 왜 사라졌을까? 몇 가지 이유가 있다. 하나는 전문가 시스템이 지나치게 특정 분야를 위해 만들어졌고 다소 취약했다(brittle)는 점이다. 취약했다는 말은, 전문가 시스템은 하나의 영역에서만 결정을 내리는 데 사용할 수 있었고, 그 영역의 환경이 변화하면 프로그램이 구식이 되어 더 이상 유효하지 않게 되었다는 말이다. 다시 말해, 이 시스템들은 쉽게 일반화되지 않았고, 지속적인 업데이트가 필요했으며, 이를 위해 비용이 많이 들었다. 심지어 존 매카시조차도 1984년에 전문가 시스템을 비판하며 이렇게 썼다. "그들 중 거의 모든 것이 정상적인 정신을 가진 인간이라면 누구나 가지고 있는 상식과 능력을 갖추고 있지 못하다."[35]

또 다른 흥미로운 관점은 전문가 시스템이 인기를 잃게 된 이유가 이전 장에서 논의한 AI 효과 때문이라는 것이다. 즉, 전문가 시스템이 충분히 잘 작동했기 때문에 더 이상 인공지능으로 간주되지 않았고, 단순히 (일반적인) 소프트웨어로 여겨지게 되었다. 이는 일리가 있는 관점이라고 생각한다. 오늘날 많은 소프트웨어에는 의사결정을 돕고 용이하게 하기 위해 주제별 전문가들이 작성한 규칙과 지식적 기반이 포함되어 있다. 그러한 접근 방식 자체는 완전히 사라지지 않았지만, 그것과 관련된 마케팅과 브랜딩은 더 이상 진행되지 않는다.

예를 들어, 나의 경력의 초기였던 2010년, 나는 의료 기기 회사에서 위에서 언급한 맥더모트의 R1이 DEC를 위해 했던 것과 유사한 기능을 수행하는 프로그램을 설계하고 구현하는 데 도움을 주었다. 우리 프로그램은 조립 작업자들이 반품된 인슐린 펌프를 분해한 후, 생산 현장에서 언제든지 사용할 수 있는 재고 중에서 가장 비용 효율적인 새로운 부품과 수리된 부품의 조합을 사용하여 다시 조립하도록 도와주는 역할을 했다.

허용 가능한 다양한 구성 요소의 조합과 그 수많은 개정안에 대한 구성 설정표는 시간이 지남에 따라 상당히 비대해졌다. 조립 작업자들은 생산 목표를 달성하기 위해 빠른 결정을 내려야 했으므로 작업대에서 문서를 뒤적여볼 시간이 없었다. 설령

34.
Ibid.

35.
J. McCarthy, "Some Expert Systems Need Common Sense, Annals of the New York Academy of Sciences 426 (1984): 129-137, https://doi.org/10.1111/j.1749-6632.1984.tb16516.x

시간이 있었다 하더라도, 주어진 작업 지시서에서 가장 비용 효율적인 조합을 찾아내는 것은 매우 어려웠을 것이다.

우리 프로그램은 분해된 펌프의 구성 요소를 고려하여(바코드 스캔을 통해), 오래되어 폐기해야 할 구성 요소를 파악한 뒤, 조립 작업자에게 수리된 펌프를 재조립하는 데 사용할 가장 비용 효율적인 구성 요소를 재고에서 가져오도록 명령했다. 이러한 명령은 회사에서 일하는 전문가인 전기 엔지니어만이 내릴 수 있었으며, 그들조차도 이를 수행하는 데 어려움을 겪었다.

이 프로젝트는 첫 해에 회사에 수백만 달러를 절감해 주었지만, 회사의 엔지니어들이 펌프의 전자 부품 중에 새로운 버전이 나올 때마다 업데이트가 필요했다. 그래서 우리가 만든 프로그램은 전문가 시스템으로 볼 수 있지만, 그 때는 2010년이었고, 우리는 그것을 만들면서 한 번도 그 용어를 사용하지 않았으며, 그것을 인공지능으로 생각하지도 않았다. 우리는 단지 그것을 유용한 컴퓨터 프로그램이라고 생각했다.

전문가 시스템의 인기가 하락한 이유로 취약성(적용 범위의 협소성-역자 주) 그리고 유용성 부족이라는 두 가지 모두에서 어느 정도 진실이 있다. 하지만 나는 세 번째 이유를 찾을 수 있다고 믿는다: 바로 신경망의 부상이다.

신경망의 부상

구글 북스 엔그램 뷰어의 세 번째 버전을 그림 2.7에서 확인해 보면, "expert systems(전문가 시스템)"이라는 용어가 문헌 내에서 점점 줄어드는 시기에 또 다른 용어인 "neural networks(신경망)"가 꾸준히 사용량이 증가하고 있음을 알 수 있다. 더 나아가, 이 세 번째 용어는 "artificial intelligence(인공지능)"의 사용량 곡선과 매우 유사한 추세를 보이며, 특히 "expert systems"을 사용량에서 추월한 시점부터 2019년(현재 엔그램 데이터 표시가 끝나는 시점)까지 그러한 경향을 유지하고 있다.

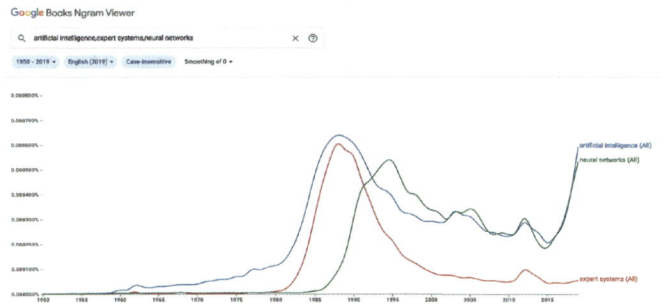

그림 2.7. 세 가지 관련 용어에 대한 구글 북스 엔그램 뷰어[36]

우리는 이 책의 다음 섹션에서 인공 신경망(artificial neural networks)(간단히 신경망이라고 불리기도 함)의 기술적 측면을 더 깊이 살펴볼 것이다. 하지만 지금은 신경망이 인간 뇌의 구조와 기능에서 영감을 받아 설계된 계산 모델의 일종이라고만 간단히 말하겠다. 신경망은 인공 뉴런이 서로 연결된 층를 통해 데이터를 패턴에 맞게 조정하도록 설계되었다. 매우 간단하게 설명하자면, 인간 뇌에는 약 1000억 개의 뉴런이 있으며, 이 세포들은 다양한 자극에 의해 전기 신호를 전달하며 서로 소통한다. 인접한 뉴런들 간의 연결 강도는 우리의 경험에 따라 시간이 지남에 따라 변할 수 있으며, 이를 통해 우리는 배우고, 변화하며, 성장할 수 있다.

이와 관련하여, 신경망에서 연결된 인공 뉴런 간의 가중치는 훈련 과정에서 조정되며, 이 신경망은 명시적이고 사전에

36.
Google Books Ngram Viewer, http://books.google.com/ngrams

정해진 규칙이 아니라 실제 데이터를 통해 작업을 수행하는 방법을 "학습한다"고 말할 수 있다. 신경망이라는 개념은 현재 하위기호적(subsymbolic) AI 또는 연결주의(connectionist) AI를 통해 전형적으로 구현되고 있으며, 오늘날 인공지능의 지배적인 패러다임이 되었다. 이를 더 자세히 살펴보기 전에, 신경망이 어디에서 기원했는지에 대해 먼저 알아보자.

내가 AI의 역사를 소개하면서 일부 중요한 발전들을 의도적으로 생략한 이유는, 이 발전들이 AI 역사 초기에 부차적인 역할로 밀려났던 하위기호적 AI 분파에 속했기 때문이다.

당시에 이룬 하위기호적 AI의 발전들이 완전히 무시되었다는 것은 아니다. 실제로 이에 대한 미디어의 강력한 주목도 충분히 찾아볼 수 있다. 다만, 초기 AI 개척자들 중 다수는 이러한 발전이 큰 성과를 내지 못할 것이라고 생각했다. 그러나 결과적으로 볼 때, 하위기호적 AI의 초기 발전을 이끌었던 인물들은 오늘날 AI에서의 획기적인 발전을 위한 기초를 꾸준히 마련하고 있었던 것이다. 그들은 단순한 기술들을 만들어 내고 있었고, 이는 현재 우리 세상을 혁명적으로 바꾸고 있는 강력한 AI 구현으로 발전했다.

기억하다시피, 신경망(neural networks)은 1956년 다트머스 워크숍에서 AI 분야의 시작과 함께 중요한 주제로 다뤄졌다. 그 워크숍을 위한 제안서에서 존 맥카시가 언급한 용어는 "뉴런 넷(neuron nets)"이었다. 비록 신경망은 연구 초기부터 존재했지만, 워크숍 이후 빠르게 인기를 잃었고, 대신 AI 분야의

37.
W. S. McCulloch, S. Warren, and W. Pitts, "A logical calculus of the ideas immanent in nervous activity," Bulletin of Mathematical Biophysics 5 (4, 1943): 115–133, doi:10.1007/BF02478259. ISSN 1522-9602

창시자들은 지금까지 살펴본 기호적 AI의 규칙 기반 접근 방식에 집중했다.

같은 시기에, 다트머스 워크숍에 참석하지 않았던 한 사람이 현재의 "AI 붐"의 씨앗을 뿌리고 있었다. 1950년대 후반, 프랭크 로젠블랫이라는 미국의 젊은 심리학자는 뉴욕주의 버팔로시에 있는 코넬항공우주연구소에서 미국 해군연구소의 지원을 받아 연구하고 있었다.

1957년, 그는 그곳에서 퍼셉트론(perceptron)을 개발했다. 그의 말에 따르면 퍼셉트론은 "신호 생성 유닛(또는 '뉴런')들이 연결되어 네트워크를 형성하는 뇌의 모델"이었다. 퍼셉트론은 1943년에 신경과학자 워렌 맥컬록과 월터 피츠가 발표한 획기적인 논문「신경 활동에 내재된 아이디어의 논리 계산(A Logical Calculus of the Ideas Immanent in Nervous Activity)」에서 튜링 기계(튜링 기계는 앨런 튜링이 개발한 이론적인 컴퓨터 모델을 말하는데, 그 기계에 대해서는 이 책에서 더 이상 언급되지 않음-역자 주)에 인공 뉴런을 사용하는 기초를 마련했던 발명품을 구현한 것이었다.[37]

로젠블랫의 퍼셉트론은 인공 신경망을 실제로 구현한 최초의 것이었으며, 데이터를 통해 학습할 수 있는 능력을 가지고 있었다. 그의 목표는 AI 분야의 목표와 같지 않았다. 그는 단순히 인간 뇌에서 발견되는 구조를 모델링하고 조사할 수 있는 장치를 만들고자 했다. 그는 자신을 3인칭으로 언급하며 다음과 같이 썼다:

> 필자에게 있어서, 퍼셉트론 프로그램은 "인공지능"을 위한 장치를 발명하는 것 보다는, 오히려 "자연 지능(natural intelligence)의 근본적인 물리적 구조와 신경 동적(neurodynamic) 특성을 조사하는 데 초점을 맞추고

있다. 퍼셉트론은 무엇보다도 뇌에 대한 모델이지, 패턴 인식을 위한 발명이 아니다.[38]

1958년, 로젠블랫은 언론을 대상으로 시연을 진행했다. 그는 IBM 704 메인프레임에 일련의 천공 카드(정해진 위치에 구멍을 뚫어 정보를 저장할 수 있게 만든 카드-역자 주)를 입력했으며, 그 중 일부는 왼쪽에 구멍이 뚫려 있고, 다른 일부는 오른쪽에 구멍이 뚫려 있었다. 이 메인프레임에는 그의 퍼셉트론을 재현하는 소프트웨어가 탑재되어 있었다. 그가 시연한 프로그램은 오늘날 기준으로 매우 기본적인 수준이었으며, 하나의 층에 수십 개의 인공 뉴런이 배열된 형태였다. 50번의 실험 후, 프로그램은 분명한 지시 없이도 이 두 가지 다른 유형의 천공 카드를 구별할 수 있게 되었다.

언론 매체는 이 소식을 대대적으로 보도했다. 오클라호마 타임스는 "해군이 설계한 프랑켄슈타인 괴물: 생각하는 로봇"이라는 제목의 기사를 실었다. 뉴욕 타임스는 「새로운 해군 장치, 실행을 통해 배우다(New Navy Device Learns by Doing)」라는 제목의 기사에서 다음과 같이 전했다.

> 해군은 오늘 걸을 수 있고, 말할 수 있으며, 볼 수 있고, 글을 쓰고, 스스로 복제할 수 있으며, 자신의 존재를 인식할 수 있는 전자 컴퓨터의 초기 단계를 공개했다. …

---

38. F. Rosenblatt, Principles of Neurodynamics: Perceptrons and the Theory of Brain Mechanisms (Washington DC: Spartan Books, 1962), http://catalog.hathitrust.org/Record/000203591, https://hdl.handle.net/2027/mdp.39015039846 56

39. "New Navy Device Learns by Doing," New York Times, July 8, 1958, https://nyti.ms/4119p3L

해군은 이 원리를 이용해 읽고 쓰는 능력을 가진 최초의 퍼셉트론이라는 생각하는 기계(thinking machine)을 제작할 계획이라고 밝혔다. 이 기계는 약 1년 내에 완성될 것으로 예상되며, 비용은 약 10만 달러가 들 것으로 보인다.[39]

1958년의 10만 달러는 인플레이션을 고려하면 2024년 100만 달러가 조금 넘는 금액에 해당한다. 그러나 이번에도, 제시된 일정은 너무 비현실적이었고, 퍼셉트론을 확장하여 사용하는 데 필요한 불가피한 도전 과제가 즉시 해결되기에는 너무 어려운 것으로 드러나면서 결국 열정은 사그라들고 말았다.

10년 후, 민스키와 페이퍼트는 신경망이 아직 초기 단계에 있을 때, 퍼셉트론을 단일 층의 뉴런에서 다수의 층으로 확장하는 작업이 "결실을 맺지 못할 것"이라는 자신들의 "직관적인 판단"을 공유하며 신경망 연구에 치명적인 타격을 입힐 뻔했다.[40] 큰일 날 뻔했다!

우리가 4장에서 자세히 다룰 내용이지만, 민스키와 페이퍼트의 다층 신경망에 대한 직관은 틀린 것으로 판명되었다. 그것도 크게 틀렸다. 그들의 1969년 저서인 "퍼셉트론"은 "이 초기의 흥분과 열정을 단독으로 파괴한 책"[41]으로 평가받지만, 신경망에 대한 연구는 AI라는 배경 속에서 계속 진행되었다. 신경망의 추가적인 발전은 연결주의를 다시 주목받게 했다. 프랭크 로젠블랫은 자신의 생애의 업적이 정당화되는 모습을 보지 못한 채, 1971년 7월 11일 자신의 43번째 생일에 체서피크만에서 보트 사고로 비극적인 죽음을 맞았다.

40.
M. Minsky and S. Papert, Perceptrons (Cambridge, MA: MIT Press, 1969).

41.
John D. Kelleher, Deep Learning (Cambridge, MA: MIT Press), 2019.

빠른 학습을 위해 로젠블랫의 퍼셉트론 이후 신경망 역사에서 등장한 몇 가지 주요 이정표 중 일부만 소개하겠다. 다음과 같은 획기적인 발전들을 전체 주제로 삼은 책들도 있으며, 다큐멘터리로 제작되어 상을 받기도 했다.

1979: 후쿠시마의 네오코그니트론

1979년, 일본의 컴퓨터 과학자 후쿠시마 쿠니히코는 네오코그니트론(neocognitron)을 발명했다. 이는 이미지 내에서 특정한 특징이 어디에 있든지 상관없이 인식할 수 있도록 훈련된 다층 신경망이었다. 예를 들어, 그 특징이 이미지의 왼쪽 상단 모서리나 오른쪽 하단 모서리, 혹은 다른 위치에 있더라도 인식할 수 있었다. 이 기술은 손으로 쓴 숫자를 인식하는 데 사용되었다.

1989년: 르쿤의 르넷

1989년, 프랑스의 컴퓨터 과학자 얀 르쿤은 당시 벨 연구소 소속이었으며, 현재는 페이스북의 메타에서 최고 AI 과학자로 활동하고 있다. 그는 후쿠시마의 네오코그니트론에서 영감을 받아 컨볼루션 신경망(convolutional neural network, CNN 또는 "ConvNet")이라는 신경망 구조를 제안했다. 그의 발명품인 르넷(LeNet)은 역전파(backpropagation)라는 기법을

42.
Y. LeCun, B. Boser, J. S. Denker, D. Henderson, R. E. Howard, W. Hubbard, and L. D. Jackel, Backpropagation Applied to Handwritten Zip Code Recognition. Neural Computation 1 (4, 1989): 541–551, doi: https://doi.org/10.1162/neco.1989.1.4.541

43.
J. Deng, W. Dong, R. Socher, L.-J. Li, Kai Li and Li Fei-Fei, "ImageNet: A large-scale hierarchical image database," 2009 IEEE Conference on Computer Vision and Pattern Recognition, Miami, FL, USA, 2009, pp. 248-255, doi: 10.1109/CVPR.2009.5206848.

사용하여 손으로 쓴 우편번호를 인식하는 데 도움을 주었다.[42]

　개념적으로, 역전파는 다층의 신경망의 출력에서 발생한 오류를 네트워크를 거슬러 올라가며 층 별로 처리하여 각 뉴런의 가중치를 조정함으로써 네트워크의 전체 오류를 줄여 나가는 방법이다.

2009년: 페이페이 리의 이미지넷

프린스턴대학교에 재직 중이던 중국 출신 미국 AI 연구자 페이페이 리(Fei-Fei Li)는 2006년에 컴퓨터 비전 모델을 훈련시키기 위해 라벨이 붙은 방대한 사진 데이터베이스를 구축하기 시작했다. 그녀는 아마존의 미케니컬 터크'(Mechanical Turk: 이미지에 라벨을 붙이는 일 등 사람이 해야 하는 일을 도와주는 크라우스 소싱 플랫폼)를 활용하여 인터넷 사용자가 각 이미지에 포함된 "비행기", "고양이", "개"와 같은 사물의 이름을 쓴 라벨을 제공하도록 했다. 2009년, 리와 그녀의 협력자들은 이미지넷(ImageNet) 데이터베이스의 초기 버전을 발표했으며, 당시 320만 개의 이미지를 포함하고 있었다.[43] 이후 데이터베이스는 1,400만 개 이상의 이미지로 확장되었다.

　2010년, 데이터베이스의 초기 반응이 미미했던 것을 계기로, 그녀는 이미지넷 데이터베이스에서 추려낸 1,000개의 이미지를 사용해 사물을 탐지하고 정확히 분류하는 연례 대회인 이미지넷 대규모 시각 인식 대회(ImageNet Large Scale Visual Recognition Challenge - ILSVRC)를 시작했다. 이는 천재적인 발상이었다. 이 대회를 통해 이미지넷이 널리 주목받았을 뿐만 아니라, 더 중요한 것은 몇 년을 거치며 우승자들 일부가 사용한 방법에도 관심이 집중되었기 때문이다. 이미지넷과 ILSVRC가 신경망 발전에 끼친 영향은 과소평가할 수 없다. 특히, 훈련 과정에서 빅데이터의 활용을 촉진한 결과, 신경망의 성능에서 중요한 진전을 이끌어냈다.

2012년: 크리제프스키의 알렉스넷

예를 들어, 2012년 9월 30일, 토론토 대학교 대학원생 알렉스 크리제브스키는 동료 학생 일리야 수츠케버와 함께 제프리 힌턴의 지도 아래 ILSVRC에서 우승했다. 그들은 6천만 개의 가중치를 가진 8개 층의 신경망을 사용했으며, 이 신경망은 참가자의 이름을 따서 알렉스넷(AlexNet)이라는 이름이 붙여졌다. 알렉스넷은 르쿤의 르넷(LeNet)의 변형으로 설명할수 있는데, 이 신경망도 여러 층의 컨볼루션 신경망을 적용하였고 훈련 과정에 역전파를 사용했다는 면에서 그렇다.

알렉스넷은 단지 우승한 것이 아니라, 경쟁자들을 압도했다. 알렉스넷의 오류율은 15.3%로, 2위와의 10% 포인트 이상 차이가 났다. 알렉스넷의 성공은 심층 신경망에 대한 관심의 물꼬를 튼 것으로 평가받고 있다. 그들의 2012년 논문「심층 컨볼루션 신경망을 이용한 이미지넷 분류(ImageNet Classification with Deep Convolutional Neural Networks)」는 현재까지 구글 스칼라(구글의 학술자료 전용 검색엔진)에서 147,000회 이상 인용되었다.[44]

2016년: 딥마인드의 알파고

2016년, 구글의 AI 자회사는 딥마인드가 예상보다 훨씬 앞서 인공지능 분야에서 중요한 이정표를 세웠다. 그들의 프로그램 알파고(AlphaGo)는 TV로 방영된 고대 중국의 전략 보드 게임인 바둑의 5게임 TV 생중계 매치에서 한국의 이세돌을 4대1로 이겼다. 이것은 AI에게 중요한 업적이었는데, 바둑은 19×19의 바둑판을 가지고 있어 2.1×10^{170}개의 합법적인 바둑판 배치가 가능하다고 계산되었다(놓을 수 있는 자리는 19 곱하기 19인 361이고, 각각의 자리에 흰돌, 검은돌, 공백이라는 세 경우의 수가 있으므로 3의 361승이 되므로, 그 수가 2.1×10^{170}개와 유사하다-역자 주). 이 숫자는 관측 가능한 우주의 원자 수인 10^{80}개보다 훨씬 큰 수이다.[45]

바둑은 가능한 바둑판 배치의 수가 엄청나기 때문에, 1997년 IBM의 딥 블루가 가리 카스파로프를 체스에서 이긴 "브루트 포스(brute force)" 방식, 즉 방대한 이동 데이터베이스와 빠른 검색 능력을 활용한 방식은 바둑에서는 전혀 실행 가능한 접근법이 아니다. 그 결과, 바둑은 체스보다 AI에게 훨씬 더 큰 도전 과제로 여겨졌었다.

이 도전 과제를 해결하기 위해, 딥마인드는 12개의 컨볼루션 신경망 시스템을 사용하여 강화 학습(reinforcement learning: RL)이라고 불리는 과정으로 바둑 두는 법을 훈련시켰다. 강화 학습은 머신러닝의 주요 접근법 중 하나로, 모델이 여러 단계나 수를 거치면서 성공적인 결정에 대해 보상을 받으며 학습하는 방법이다. 이를 통해 신경망은 바둑과 같은 복잡한 게임에서 승리하는 목표를 달성하도록 훈련될 수 있었다.

44.
Alex Krizhevsky, Ilya Sutskever, and Geoffrey E. Hinton, "ImageNet Classification with Deep Convolutional Neural Networks."

45.
John Tromp and Gunnar Farneback, "Combinatorics of Go." Computers and Games. CG 2006. Lecture Notes in Computer Science, vol 4630. Springer, Berlin, Heidelberg. https://doi.org/10.1007/978-3-540-75538-8_8

이세돌은 당시 최고의 바둑 기사 중 한 명으로 널리 인정받았으며, 그의 경기는 전 세계 수백만 명의 시청자들이 지켜보았다. 그 결과는 이세돌과 그의 팬들에게 충격을 주었고, 바둑의 방대한 가능한 수 때문에 바둑에서 승리를 거두는 것은 수년이 더 걸릴 것이라고 생각했던 AI 전문가들에게도 놀라운 일이었다. 알파고의 승리는 신경망 연구에 대한 관심과 투자를 즉각적으로 불러일으켰으며, 그 후 2019년 한국 정부는 AI 국가전략을 발표하고 약 8억6300만 달러(1조원-역자 주) 규모의 AI 연구개발 예산을 책정을 발표했다.

2022년: 오픈AI의 챗GPT

2022년 11월 30일, AI 연구 기관 오픈AI는 챗GPT라는 AI 챗봇을 세상에 공개했다. 출시 당시 챗GPT는 누구나 무료로 사용할 수 있었으며, 오픈AI의 GPT-3.5 모델을 사용했다. GPT는 Generative Pre-trained Transformer(생성적 사전 학습 트랜스포머)의 약자이며, 이는 트랜스포머(생성기)라는 신경망 구조를 사용하는 대규모 언어 모델(large language model: LLM)로, 책과 웹사이트에서 수집된 방대한 텍스트 데이터를 기반으로 훈련되어 사용자가 제출한 프롬프트에 기반하여 인간처럼 텍스트 응답을 생성한다.

챗GPT 플랫폼은 출시와 동시에 엄청난 반응을 얻었다. 이 플랫폼은 2023년 1월까지 단 두 달 만에 1억 명의 사용자를 달성했으며, 이는 역사상 어떤 소프트웨어 애플리케이션보다 빠른 기록이다. 2023년 3월, 오픈AI는 GPT-4 모델을 사용하는 유료 구독 서비스인 챗GPT 플러스를 출시했으며, 그들은 그 한 해 동안 웹 검색, 음성,

이미지 기능과 온라인 여행사 및 쇼핑 사이트와 같은 써드파티 서비스를 이용할 수 있는 플러그인 등 여러 기능을 추가했다.

챗GPT의 출시는 전 세계적으로 AI에 대한 관심의 거대한 물결을 일으켰지만, 동시에 AI의 실제적이고 잠재적인 부정적인 영향에 대한 우려와 의구심도 불러일으켰다. 저작권 침해 소송부터 사회적 편견을 영속화시킨다는 주장, 일자리 상실에 대한 논의, 심지어 AI가 인간이라는 종에 대해 존재론적 위협을 초래할 수 있다는 주장까지, AI에 대한 화제, 열광, 그리고 공포 조장에 대한 논의는 그 어느 때보다 더 높은 수준에 이르렀다. 이 열광이 또 다른 AI 겨울로 이어질까? 두고 볼 일이다.

요약

여러분들이 간략하나마 AI 역사를 살펴보았으니, AI에 대해 조금 더 잘 알게 되었다고 느끼길 바란다. 여러분들은 AI 분야에서 관심과 무관심이 반복되는 주기적 패턴이 더 이상 낯설지 않을 것이고, 기호적 AI와 하위기호적 AI로 나뉘는 이 분야에서의 분화에 대해서도 이해할 것이다.

나는 AI 분야의 발전에 가장 큰 영향을 미친 몇몇 선구자들을 소개했고, 현재 우리가 있는 지점까지 이 분야를 발전시켜 온 몇 가지 기술들에 대해 언급했다. AI 역사의 주요 이정표들을 보여주는 요약된 타임라인은 그림 2.8에 실었다.

이제 이러한 기술들, 특히 하위기호적 AI의 기술들을 더 깊이 탐구할 시간이다. 하위기호적 AI의 데이터 기반 기술은 우리가 살펴본 컴퓨터 비전, 자연어 처리, 생성형 AI와 같은 최근 발전의 기반이 되고 있다. AI를 이해하는 것은 머신러닝, 그리고 머신러닝의 특별한 하위 집합인 딥러닝에 대한 이해에 달려 있다.

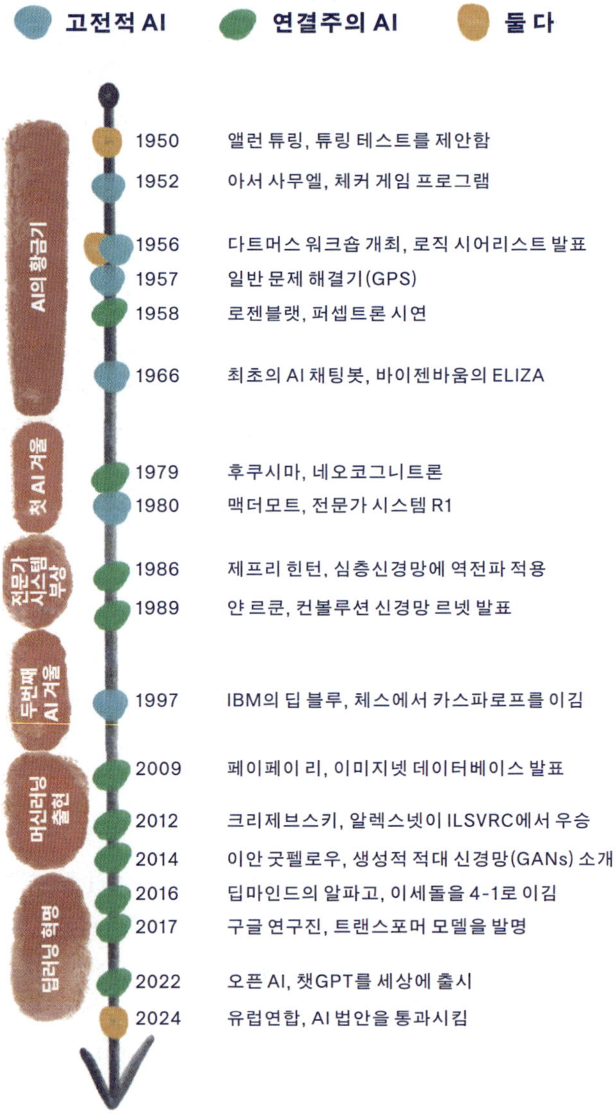

● 고전적 AI　　● 연결주의 AI　　● 둘 다

AI의 황금기
- 1950　앨런 튜링, 튜링 테스트를 제안함
- 1952　아서 사무엘, 체커 게임 프로그램
- 1956　다트머스 워크숍 개최, 로직 시어리스트 발표
- 1957　일반 문제 해결기(GPS)
- 1958　로젠블랫, 퍼셉트론 시연
- 1966　최초의 AI 채팅봇, 바이젠바움의 ELIZA

첫 AI 겨울
- 1979　후쿠시마, 네오코그니트론
- 1980　맥더모트, 전문가 시스템 R1

전문가 시스템 부상
- 1986　제프리 힌턴, 심층신경망에 역전파 적용
- 1989　얀 르쿤, 컨볼루션 신경망 르넷 발표

두 번째 AI 겨울
- 1997　IBM의 딥 블루, 체스에서 카스파로프를 이김

머신러닝 출현
- 2009　페이페이 리, 이미지넷 데이터베이스 발표
- 2012　크리제브스키, 알렉스넷이 ILSVRC에서 우승
- 2014　이안 굿펠로우, 생성적 적대 신경망(GANs) 소개
- 2016　딥마인드의 알파고, 이세돌을 4-1로 이김
- 2017　구글 연구진, 트랜스포머 모델을 발명

딥러닝 혁명
- 2022　오픈 AI, 챗GPT를 세상에 출시
- 2024　유럽연합, AI 법안을 통과시킴

그림 2.8. AI 역사에 대한 간략한 타임라인

PART2: AI 기술

제3장: 머신러닝 기초
제4장: 딥러닝 입문

제 3장 : 머신러닝 기초

"우리가 원하는 것은 경험으로부터 배울 수 있는 기계이다."
앨런 튜링, 런던 수학회 강연, 1947년 2월 20일

이전 장에서 비교적 단순한 퍼즐 해결 기계로 시작된 AI의 초기 역사부터, 오늘날 우리와 상호작용하며 실제 세계에서 다양한 작업을 수행하는 강력한 기술로 발전한 AI 역사의 여정을 탐구했다. AI 분야는 다트머스 워크숍 이후 70년 동안 큰 발전을 이루었지만, 그 완전한 잠재력을 실현하려면 아직 갈 길이 멀다. 사실, AI의 완전한 잠재력이 어떤 모습인지라도 알기 위해서는 아직 많은 시간이 필요하다. AI가 나아갈 수 있는 경로는 너무나도 다양하다.

앞서 살펴본 것처럼, AI의 성장과 발전은 선형적이고 자연스러운 모습이 아니었다. 오히려 우리는 AI의 변화를 계절에 비유했다. 즉, 열광과 발전을 나타낼 때는 봄과 여름이라고 말했고, 그리고 무관심과 심지어 후퇴를 나타낼 때는 겨울이라고 말했다. 그러나 방금 살펴본 AI의 역사를 또 '다른 방식으로 생각해보자면, 생존해 있는 종의 진화에 비유할 수도 있다. 진화 생물학에서의 단속평형이론(생물 종의 진화는 장기간에 걸친 안정기와 상대적으로 짧은 기간 동안의 급격한 변화가 교대로 나타난다는 개념-역자 주)과 유사하게, AI도 그 생존 자체가 의문시되던 정체기를 겪었으며, 능력 면에서 갑작스럽고 극적인 도약을 경험하기도 했다. 이러한 큰 도약, 즉 가끔씩 나타나는 "폭발"은 환경의 중요한 변화에 의해 가능해진 일련의 기술적 돌파구에 의해 촉진되었다.

이 장에서는 현대 AI의 핵심에 자리잡고 있는 이러한 돌파구들의 한 부류라고 할 수 있는 머신러닝(ML)에 대해 살펴볼 것이다.

기본 용어와 개념

머신러닝(ML)은 다양한 종류의 통계적 알고리즘을 연구하고 활용하는 것을 포괄적으로 설명하는 용어로, 데이터 세트에 적용하여 해당 데이터 세트의 패턴으로부터 특정 작업을 수행하는 방법을 학습하는 데 사용된다. 머신러닝 알고리즘을 데이터 세트에 적용하여 그 패턴을 학습할 때, 이를 모델을 훈련시킨다(training)고 표현한다.

훈련에 사용하는 데이터 세트는 현실 세계에서 디지털 형태로 존재하는 어떤 아이템 그룹도 가능하다. 예를 들어, 이미지 파일 모음, 전자책이나 기타 디지털 문서, 사람들이 음성으로 말하는 오디오 파일, 과거 주가가 기록된 스프레드시트 등 그 가능한 형태는 무궁무진하다. 머신러닝에서 데이터 세트는 일반적으로 매우 크다. 데이터는 많을수록 좋다. 여기서 말하는 것은 단순히 몇 장의 디지털 사진이 아니라 수천 장, 심지어 수백만 장의 데이터를 의미한다. 물론, 훈련 데이터 세트가 모든 항목을 포함하지는 않으며, 이는 모집단 전체가 아닌 표본이다. 중요한 점은, 모델이 이 표본 데이터를 통해 학습함으로써 표본에 포함되지 않은 항목을 다룰 수 있는 방법을 익힌다는 것이다.

알고리즘은 프로그램이 훈련 과정에서 따라야 하는 명령어들의 집합이다. 이는 일종의 레시피와 같으며, 훈련 데이터를 통해 학습하기 위한 단계별 절차를 의미한다. 머신러닝 알고리즘에는 신경망, 결정 트리, 다양한 군집화(clustering) 알고리즘 등 여러 종류가 있다. 이 책에서는 이러한 알고리즘들 중 중요한 몇 가지만을 다룰 것이다.

모델은 훈련 과정을 통해 생성된 결과물로, 훈련된 알고리즘을 의미한다. 모델은 훈련 과정에서 조정된 파라미터를 가지고 있는데, 이는 신호와 소리를 미세하게 조정하기 위해 돌리는 옛날 AM/FM 라디오의 다이얼이나 손잡이와 비슷하다. 훈련 과정에서 알고리즘이 모델에 가해진 이러한 조정을 통해 모델이 특정 수준의 정확도로 작업을 할 수 있게 해주지만, 결코 완벽하다고는 말할 수 없다.

예를 들어, 스마트폰을 이용해 은행 계좌에 입금하려는 사람이 수표에 손으로 쓴 숫자를 인식할 수 있는 프로그램을 만든다고 가정해 보자. 이 프로그램은 수표의 디지털 사진을 입금 금액, 계좌 번호, 라우팅 번호(일종의 은행 코드)로 변환하는 작업 등을 수행해야 한다. 머신러닝을 사용하면 단순히 프로그램에 해야 할 일을 지시하는 것보다 훨씬 더 나은 결과를 얻을 수 있다. 다양한 필체 스타일뿐만 아니라 사진의 품질, 각도, 조명 조건을 프로그램이 어떻게 처리할 수 있을지 생각해보라.

직접 명령어를 만드는 대신, 손으로 쓴 숫자가 포함된 다양한 수표의 디지털 사진을 제공하여 컨볼루션 신경망(CNN) 알고리즘을 훈련시킬 수 있다. 이렇게 훈련된 CNN 모델은 가중치(weights)라고 불리는 미세 조정된 파라미터를 가지게 되며, 훈련 데이터 세트에 포함되지 않은 수표 이미지를 제공받았을 때도 일정 수준의 정확도를 낼 수 있다. 충분한 훈련 데이터와 적절한 머신러닝 알고리즘을 갖춘다면, 결과 모델이 해낼 수 있는 일은 놀라울 정도이다.

머신러닝의 역사적 맥락

"머신러닝"이라는 용어는 1950년대에 미국의 AI 개척자인 아서 새뮤얼에 의해 만들어졌다. 그의 체커(체스와 유사한 보드 게임) 플레이 프로그램은 자가 학습(self-learning)을 보여준 최초의 프로그램 사례 중 하나였다. 이 프로그램은 게임을 반복해서 플레이하면서 내부 점수 시스템을 조정함으로써 시간이 지남에 따라 더 나은 수를 선택할 수 있도록 성능을 개선했다.

생각해보면, 학습 능력이 인공지능의 중요한 측면이 된 것은 당연한 일이다. "지능"의 정의 자체가 이렇게 시작되기 때문이다: "학습하거나 이해하거나 새롭거나 어려운 상황을 처리하는 능력"[46] 즉 주변 환경을 받아들이고 상황을 파악하며, 이에 맞게 조정하여 자신의 결과를 개선하는 것을 말한다. 이러한 능력은 인간과 컴퓨터 모두에게 지능이란 무엇인지 보여주는 핵심적인 요소이다.

데이터 기반 접근 방식인 머신러닝은 하위기호적 AI의 본질이며, 기호적 AI의 핵심인 규칙 기반 접근 방식과 대조된다. 만약 AI 분야를 시계추에 비유한다면, 1950년대에는 기호적 AI 쪽에 머물렀다가, 1990년대 후반에서 2000년대 초에 이르러 하위기호적 AI와 머신러닝 쪽으로 이동했으며, 그 이후로는 계속 이 방향에 머물러 있다. 21세기 초의 AI는 모두가 학습에 대한 것이었다. 지금은 이렇지만 앞으로 AI는 어디로 향해 갈까? 두고 볼 일이다.

머신러닝은 하나의 학문 분야로서 항상 AI라는 큰 "집" 안에서 다양한 방과 룸메이트들과 편안하게 공존해 온 것은 아니다. 특정 시기마다 머신러닝 분야의 전문가들은 자신들을 AI 분야와 별개로 생각했고, 그 반대의 경우도 있었다. 즉, 머신러닝 연구자들이 자신이 AI 분야에 있다고 생각하지 않은 때도 있었고, AI 분야 전문가들도 머신러닝을 AI 일부로 보지 않은 때도 있었다. 이러한 감정은 주로 각자가 집중하는 분야의 차이에서 비롯된 것

46.
Merriam-Webster.com Dictionary, s.v. "intelligence," https://www.merriam-webster.com/dictionary/intelligence. Accessed January 29, 2024.

47.
Roser, Max, Hannah Ritchie, and Edouard Mathieu. "What is Moore's Law?" Our World in Data, March 28, 2023, https://ourworldindata.org/moores-law

같고, 아마도 연구 자금이나 업적을 둘러싼 경쟁 때문일 수도 있는 것 같다.

최근에는 AI/ML이라는 혼합형 약자가 등장했는데, 이 용어는 머신러닝 기술에 중점을 둔 인공지능을 지칭한다. 어떤 사람들은 이 약어가 두 분야 간의 연결을 나타내는 데 유용하다고 생각하지만, 다른 사람들은 이런 용어가 불필요하고 오히려 혼란스럽게 한다고 본다. 개인적으로는 머신러닝이 더 넓은 AI 분야의 하위 분야라고 생각하기 때문에, 현재로서는 이러한 혼합형 약자가 AI와 관련된 대화에 큰 가치를 더한다고 보지 않는다.

생각해보면, 머신러닝의 가장 원시적인 형태는 AI의 초기부터 존재해 왔다. 아서 사무엘의 체커 게임 프로그램과 프랭크 로젠블랫의 퍼셉트론은 모두 AI 황금기였던 1950년대에 만들어졌다. 그렇다면 왜 머신러닝이 AI의 지배적인 패러다임이 되기까지 30년이 넘게 걸렸을까? 그 이유 중 하나는 머신러닝이 부상하기 위해서는 환경 조건이 변화될 필요가 있었기 때문이다. 머신러닝의 발전에 필요한 요인들 몇 가지를 나열해 보겠다.

요인 #1: AI 컴퓨팅 능력의 증가

수십 년에 걸쳐 지속적으로 변화해온 환경 조건 중 하나는 컴퓨팅의 파워와 속도, 즉 간략하게 AI 컴퓨팅(AI compute)이나 그냥 컴퓨팅이라고 불리는 것이다. 인텔 공동 창립자 고든 무어의 이름을 딴 무어의 법칙에 따르면, 1975년경부터 집적 회로에 담을 수 있는 부품의 수는 매년 두 배로 증가해왔다.[47] 더불어, 최근에는 그래픽 처리 장치(graphics processing units: GPUs)를 머신러닝 모델, 특히 심층 신경망 훈련에 적용하면서 이러한 모델의 성능이

극적으로 향상되었다. 이는 다음 장에서 더 자세히 살펴볼 것이다.[48]

GPU는 현대의 빠르게 진행되는 비디오 게임에서 풍부한 3D 그래픽을 렌더링하기 위해 필요한 빠른 수학적 계산을 수행하도록 설계된 특수한 유형의 컴퓨터 칩이다.

하나의 도구를 다른 용도로 재활용한 고전적 사례로, AI 연구자들은 여러 GPU를 병렬로 활용하여 머신러닝 모델을 훈련하는 방법을 발견했다. 이를 통해 점점 더 복잡한 AI 프로그램을 개발할 수 있게 되었다.

이러한 계산 능력의 획기적인 향상이 없었다면, 머신러닝이 지금처럼 폭발적으로 발전하기는 어려웠을 것이다. GPU가 머신러닝 모델 훈련에 매우 유용하기 때문에, 엔비디아와 같은 GPU 제조 기업들은 챗GPT와 같은 생성형 AI 도구의 도입과 함께 엄청난 매출 성장을 경험하고 있다.

요인 #2: 훈련 데이터의 가용성

머신러닝 가속화를 촉진한 환경적 요인에 컴퓨팅 능력만 있는 것은 아니었다. 특정 작업을 수행하도록 훈련되기 위해서는 머신러닝 모델에 많은 양의 데이터가 필요하다. 인터넷과 모바일폰의 보급이 증가함에 따라 머신러닝 알고리즘을 훈련하는 데 사용할 수 있는 데이터의 양도 급격히 증가했다. 21세기 초반 이후로 인기를 얻은 소셜미디어 플랫폼의 사용자들은 텍스트, 이미지, 오디오,

---

48.
"AI and Compute." OpenAI, May 16, 2018, https://openai.com/research/ai-and-compute. Accessed 11 January 2024.

비디오 형태로 인터넷에 방대한 양의 데이터를 업로드해 왔다.

소셜 미디어뿐만이 아니다. 작가들은 전자책을 출판했고, 기자들은 웹 기사를 발표했으며, 학자들은 PDF 형식으로 연구 논문을 발표했고, 오래된 책, 기사, 논문들도 디지털화되었다. 그뿐만 아니라, 인터넷 사용자들은 레딧 같은 게시판에서 매일 다양한 주제를 두고 대화를 나누며 서로 상호작용해왔다.

이러한 콘텐츠의 상당 부분은 웹에서 스크랩되어 커먼크롤(Common Crawl: 전 세계 웹사이트를 크롤링하여 공개적으로 이용할 수 있는 데이터 세트를 제공하는 비영리 프로젝트-역자 주)과 같은 데이터 저장소에 수집되었으며, 이는 오늘날 우리가 사용하는 강력한 머신러닝 알고리즘을 훈련하고 정교화하는 데 활용되었다. 또한 페이페이 리의 이미지넷처럼 머신러닝 모델 개발을 진전시키는 명확한 목적을 가지고 생성된 저장소도 있다. 이러한 풍부한 훈련 데이터가 없다면 머신러닝이 어디까지 발전했을지 알 수 없지만, 오늘날처럼 AI의 최전선에 서 있지 못했을 것이라는 점은 분명하다.

이러한 방대한 데이터 저장소의 중요성을 논할 때, 오염된 데이터, 저작권, 프라이버시, 사회적 편향과 같은 많은 까다로운 문제들을 무시하고 지나갈 수 없다. 이러한 이슈들은 문제가 있는 데이터를 기반으로 훈련된 머신러닝 모델의 사용에 대한 윤리적 및 법적 우려를 제기한다. 이러한 우려에 대해서는 5장에서 살펴볼 것이다.

머신러닝의 세 가지 주요 형태

지금은 머신러닝 알고리즘이 데이터를 통해 학습할 수 있는 다양한 방법에 대해 간단히 다뤄보고자 한다. 우리가 처한 상황에 따라 서로 다른 방식으로 학습할 수 있는 것처럼, 머신러닝 알고리즘도 다양한 방식으로 학습할 수 있다. 때로는 교실에서 교사로부터 배우는 경우도 있고, 때로는 세상 속에서 주변의 패턴을 관찰하며 배우는 경우도 있다. 또 다른 경우에는 완전히 새로운 활동을 수행하며 시행착오를 통해 배우는 경우도 있다.

이 세 가지 서로 다른 현실 세계의 상황은 머신러닝의 세 가지 주요 학습 형태인 지도 학습(supervised learning), 비지도 학습(unsupervised learning), 강화 학습(reinforcement learning)와 관련된다. 각각의 학습 형태는 서로 다른 상황에서 유용하며, 각기 다른 목적을 달성하는 데 사용된다.

이 장에서는 이 세 가지를 하나씩 살펴볼 것이다. 간단히 말해, 지도 학습은 우리가 어떤 답이 맞고 어떤 답이 틀린지 선생님에게 배우는 것과 같고, 비지도 학습은 주변의 패턴을 관찰하며 스스로 배우는 것과 같으며, 강화 학습은 우리가 시도하면서 얻은 피드백을 통해 즉 실행을 통해 배우는 것과 같다. 이제 이러한 머신러닝의 다양한 형태를 하나씩 살펴보자.

지도 학습

모델인 사람이 지도자로서 올바른 답을 레이블링한 데이터를 기반으로 훈련됨. 예를 들어, 자전거 사진에 "맞다"라고 레이블링하고 나머지는 모두 "틀리다"라고 레이블링하는 것과 비슷함.

비지도 학습

모델이 정답으로 레이블링되지 않은 데이터에서 패턴을 찾아내도록 훈련됨. 예를 들어, 모델이 자전거 유형을 식별하고 그것들을 그룹화하는 패턴을 찾아내는 것과 비슷함.

강화 학습.

모델이 환경과 상호작용하면서 보상과 패널티를 받으며 훈련됨. 예를 들어, 누군가가 시행착오를 통해 자전거 타는 법을 배우는 것과 비슷함.

그림 3.1. 머신러닝의 세 가지 주요 형태

지도 학습

첫 번째이자 아마도 가장 일반적인 유형의 머신러닝은 지도 학습(supervised learning)으로 알려져 있다. 지도 학습의 목표는 모델이 입력값을 신뢰성 있고 정확하게 변환하여 잘 연관되고 올바른 출력값을 낼 수 있는 방법을 학습하도록 가르치는 것이다. 그렇다면 입력값과 출력값은 무엇인가? 입력값과 출력값은 프로그램의 목적에 따라 다르다. 입력값은 교차로를 지나는 자동차의 사진이고, 출력값은 정지 신호를 위반한 운전자를 식별하기 위한 차량 번호일 수도 있다. 입력값은 오디오 파일 형식의 음성 명령이고, 출력값은 가상 비서에게 전달할 내용이 담긴 텍스트 문자열일 수도 있다. 예를 들어, "샘 쿡의 노래를 틀어줘"와 같은 경우이다.

 컴퓨터가 이러한 작업을 고품질로 수행할 수 있도록 명령어를 작성한다고 상상해보라. 차량 번호판 사진의 경우, 프로그램이 다양한 각도, 조명 조건, 그리고 번호판 유형을 어떻게 처리할 것인가? 음성 명령의 경우, 프로그램이 사용자의 억양, 말하는 속도, 혹은 마이크에 잡힌 주변 소음에 상관없이 단어를 어떻게 구분할 것인가? 인간은 보통 이러한 작업을 꽤 잘 수행할 수 있지만, 컴퓨터가 인간처럼 또는 인간보다 더 잘 수행하게 만드는 것은 AI 연구자들에게 오랫동안 도전 과제로 남아 있었다.

 이러한 상황은 연구자들이 특히 심층 신경망를 활용한 모델의 지도 학습이 이러한 작업을 수행하는 프로그램의 정확성을 극적으로 향상시킬 수 있다는 것을 발견하면서 완전히 바뀌었다. 이 접근법에서는 인간이 입력값과 그에 해당하는 정답 출력값의 쌍을 모델에 많이 제공하여 모델 학습을 "지도"한다. 컴퓨터에게 명시적으로 어떻게 해야 하는지를 말하는 대신, 모델에 올바르게 수행한 사례와 잘못 수행한 사례를 대량으로 제공하는 것이다.

 훈련 데이터는 입력과 출력이 쌍을 이루고 있다. 입력값에는 특징(features)이, 출력값에는 라벨(labels)이 있다. 교차로를 통과하는 자동차의 디지털 사진을 예로 들면, 입력값의 특징은 이미지 내 모든 픽셀의 색상(RGB) 코드 값이고, 출력값은 각 이미지에 나타나는 자동차의 번호판일 수 있다.

    훈련 과정에서 모델에 제공된 각 입력값에 대해, 모델은 입력 특징을 출력값으로 변환한다. 그런 다음 모델의 출력값과 이미 제공된 정답(라벨)을 비교하고, 모델의 출력값과 정답 간의 차이인 오류를 줄이기 위해 파라미터를 조정한다. 초기에는 모델이 단순히 무작위로 추측할 뿐이다. 하지만 여러 번의 에포크(머신러닝에서 알고리즘이 전체 훈련 데이터 세트를 한 번 완전히 통과하는 것-역자 주)를 거친 후, 모델의 정확도는 훨씬 향상된다. 이것이 지도 학습을 사용하여 모델을 훈련하는 과정이다.

    프랭크 로젠블랫이 1958년에 IBM 704 메인프레임 컴퓨터를 사용하여 퍼셉트론 프로그램을 시연했을 때 정확히 그렇게 했다. 입력은 좌측 또는 우측에 구멍이 있는 펀치 카드였으며, 그는 이를 메인프레임에 넣었다. 출력은 메인프레임의 불빛 형태로 나타났으며, 퍼셉트론 프로그램이 불빛을 켜거나 끔으로써 자신의 추측을 전달했다. 로젠블랫은 처음 50장의 펀치 카드를 사용하여 퍼셉트론 프로그램을 훈련시켰다. 각 카드에 대해 처음에는 추측을 했고, 만약 틀렸다면 내부 파라미터를 조정했다.

    지도 학습에서 훈련 데이터는 라벨이 붙은 데이터(labeled data)이다. 라벨은 정답으로, 마치 시험의 정답지와 같다. 올바른 답을 제공하는 인간은 교사 또는 "지도자"와 같으며, 모델은 예제 질문(특징이 있는 입력값)과 그에 연관된 올바른 답(라벨이 있는 출력값)을 학습하는 학생과 같다. 모델이 많은 입력과 출력 쌍을 학습한 후에는,

교실에서 학생이 학습한 내용에 대해 시험을 치르는 것처럼 모델도 시험을 치른다. 시험에서는 모델이 이전에 보지 못한 질문(입력값)이 주어지고, 인간 트레이너("지도자")는 정답을 알고 있지만 모델에게는 그 정답이 숨겨진 상태에서 진행된다.

비지도 학습

다음으로 중요한 머신러닝 유형은 비지도 학습(unsupervised learning)이다. 다시 말해, 비지도 학습은 우리가 주변 세계에서 스스로 패턴을 관찰하며 발견하는 과정과 비교할 수 있다. 자기 주도적인 발견과 마찬가지로, 비지도 학습에는 정답을 제공하는 교사, 즉 "감독자(supervisor)"가 관여하지 않는다. 감독자가 없기에 비지도 학습이라고 불리는 것이다. 얀 르쿤에 따르면, "인간과 동물의 학습 대부분은 비지도 학습이다."[49]

  비지도 학습의 맥락에서, 모델을 훈련시키는 것은 다른 의미를 갖는다. 모델이 학습해야 할 알려진 출력 라벨과 일치하는 입력 특징을 가진 별도의 훈련 데이터 세트를 사용하지 않는다. 대신, 이 모델은 실제 현실 세계의 데이터 세트를 사용하여 훈련된다. 이 데이터 세트는 라벨이 없는(unlabeled) 데이터로 구성되며, 지도 학습의 경우와 달리 입력값에 알려진 정답 출력값이 라벨로 붙어 있지 않다. 비지도 학습이 "비지도"라고 불리는 이유는 실제 데이터의 입력값에 해당 출력값이 라벨로 붙어 있지 않기 때문이다.

49.
Patel, Ankur A. Hands-On Unsupervised Learning Using Python. O'Reilly Media, Inc., 2019.

모델은 출력값이 무엇이어야 하는지를 스스로 알아내야 하며, 모델의 출력이 맞는지 틀린지를 말해줄 수 있는 인간의 "감독"을 받지 않는다. 자, 지금부터 비지도학습의 실제 모습에 대해 알아보자.

한 회사가 고객을 유사한 속성을 가진 여러 그룹으로 나누고자 하는 경우를 생각해보자. 이는 고객 세분화(customer segmentation)라고 불린다. 회사는 고객의 나이, 거주지, 혹은 작년에 제품에 소비한 총 금액과 같은 한 가지 이상의 특성이나 행동을 기반으로 미리 정의된 세그먼트를 만들기로 할 수 있다. 이는 비교적 간단한 일이므로 머신러닝을 사용할 필요가 없다. 각 고객은 자신이 속한 고객 세그먼트의 이름에 따라 라벨을 붙이면 된다.

하지만 회사가 미리 정의된 세분화를 고객 리스트에 적용할 계획이 없다면 어떻게 될까? 단순히 누가 누구와 가장 비슷한지, 그리고 어떤 방식으로 비슷한지를 알고 싶다면? 마케터들은 고객 전체 목록에 군집화(clustering)라는 머신러닝 알고리즘을 적용할 수 있다. 군집화 알고리즘은 비지도 학습을 사용하여 데이터 내에서 서로 최대한 비슷한 구성원들로 이루어진 그룹을 찾는(이를 군집 내 유사성 최대화 즉 maximizing intra-cluster similarity라고 한다) 동시에 다른 그룹의 구성원들과는 최대한 다르도록(이를 군집 간 유사성 최소화 즉 minimizing inter-cluster similarity 라고 한다) 그룹을 나눈다.

알고리즘은 데이터 포인트 간의 유사하거나 다른 정도를 계산하기 위해 유클리드 거리(Euclidean distance)와 같은 측정값을 사용한다. 두 데이터 포인트 간의 유클리드 거리를 계산하려면, 각 해당 값(또는 좌표) 간의 차이를 구하고, 그 차이를 제곱한 뒤, 각각의 차이를 제곱한 값을 다 더하여, 그 합의 제곱근을 구하면 된다. 변수 두 개만 기반으로 한 모델(많은 모델은 두 개 이상의 변수를 포함한다)의 경우, 유클리드 거리는 그들이 형성하는 삼각형의 빗변의 길이를 구하는 것과 동일하다. 이는 그림 3.2에 나타나 있다.

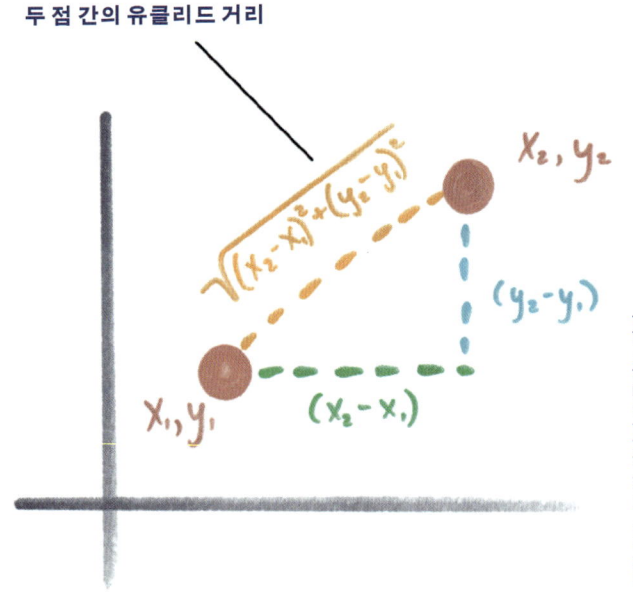

그림 3.2. 두 점 사이의 유클리드 거리

많은 군집화 알고리즘은 그룹 내 유사성을 증가시키고 그룹 간 유사성을 감소시키기 위해 군집을 조금씩 반복적으로 조정한다. 알고리즘이 완료되면 모델은 각 데이터 포인트를 여러 그룹 중 하나에 배치한다. 하지만 군집 또는 세그먼트의 수는 몇 개여야 할까? 일부 군집화 알고리즘은 사용자 대신 이를 자동으로 계산해 주고, K-평균 군집화와 같은 다른 알고리즘은 사용자가 원하는 군집 수(K)를 사전에 지정할 수 있도록 한다.

예를 들어, 그림 3.3에 나오는 K-평균 군집화(K-means clustering) 예시에서 나는 알고리즘에게 2020년 인구, 1인당 국내총생산(GDP)을 기준으로 한 경제 규모, 그리고 1인당 톤으로 계산된 CO_2 배출량을 기준으로 5개의 군집을 생성하도록 요청했다. 알고리즘은 두 개의 가장 큰 인구를 가진 국가들(중국과 인도)을 하나의 그룹으로, CO_2 배출량이 가장 높은 6개 국가를 두 번째 그룹으로, 1인당 GDP가 가장 높은 18개 국가(카타르는 제외, 대신 두 번째 그룹에 배치됨)를 세 번째 그룹으로, 배출량이 가장 낮은 122개 국가(인도는 제외)를 네 번째 그룹으로, 그리고 두 축의 중간에 위치한 43개 국가(중국 제외)를 다섯 번째 그룹으로 생성한 것을 볼 수 있다.

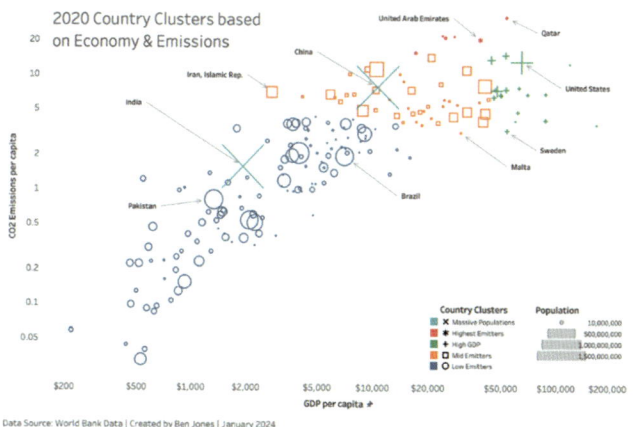

그림 3.3. 경제 규모 및 이산화탄소 배출량을 기준으로 한 국가들의 군집

비지도 학습의 요점은 컴퓨터의 능력을 활용하여 인간이 스스로 찾기에는 매우 어렵고 시간이 많이 걸리는

것을 발견하는 것이다. 즉, 데이터 내에서 자연적으로 발생하는 군집을 찾는 것이다. 이러한 군집은 데이터를 특정 방식으로 그룹화하려는 인간에 의해 미리 정의되지 않는다. 대신, 군집은 데이터 자체에서 발생하며, 모델은 데이터를 통해 군집이 무엇인지 학습한다. 이 과정에서는 별도의 훈련 데이터 세트가 필요하지 않으며, 모델은 전체 데이터 세트 자체로부터 학습한다.

강화 학습

세 번째 주요한 기계 학습 유형은 강화 학습(reinforcement learning: RL)이라고 한다. 강화 학습은 새로운 작업을 수행하는 방법을 배우는 것으로, 특히 각 행동이 보상이나 페널티 형태의 피드백을 수반할 때, 어떤 행동을 취할지 결정하는 것을 포함한다. 이와 같은 방식으로 세상과 상호작용하는 AI 에이전트는 강화 학습을 통해 시간이 지남에 따라 점점 더 나은 결과를 얻을 수 있다.

자전거를 타는 법을 배우는 것을 생각해 보라. 만약 누군가가 (지도 학습처럼) 자전거 타기에 대한 옳고 그름의 정답 세트를 알려준다고 하더라도, 심지어 그러한 필기 시험에서 만점을 받더라도 실제로 자전거를 탈 수는 없을 것이다. 그리고 (비지도 학습처럼) 하루 종일 앉아서 동네 다른 아이들이 자전거를 타는 모습을 관찰하며, 그들의 움직임에서 어떤 패턴들을 신중히 찾아낸다고 하더라도, 여전히 자전거를 탈 수 없을 것이다. 자전거를 타는 법을 배우기 위해서는 실제로 자전거에 올라타서 움직여 보아야 한다. 처음에는 한두 번 페달을 밟고 넘어질 것이다. 넘어지면 다칠 것이고, 무릎이 까지거나 어깨에 멍이 들 수도 있다.

그런 고통스러운 경험은 아마도 하지 말았어야 할 행동들에 대한 처벌과 같을 것이다. 다시 시도해도 또 넘어질 것이다. 하지만 점점 더 익숙해 지면서 다섯 번, 더 나아가 열 번 이상 페달을 밟은 다음에야 넘어질 것이다. 머리카락 사이로 바람을 가르는 느낌은 짜릿할 것이고, 이는 조정과 개선에 대한 놀라운 보상이 될 것이다. 자전거 타는 실력은 점점 더 나아질 것이다. 곧 다른 아이들과 함께 동네를 자전거로 돌아다니며 점프를 하거나, 앞바퀴를 들고 달리거나, 핸들을 한 손으로만 잡고 타거나, 나중에는 두 손을 다 놓고도 탈 수 있게 될 것이다. 인생은 시행착오의 연속이지만, 그 속에서 깨닫는 것이 참 소중한 것 같다.

우리의 행동에는 결과가 따르며, 이러한 결과를 활용해 개선함으로써 혼란스럽고 불완전한 세상에서도 목표를 달성할 수 있다. 우리는 컴퓨터에게도 이를 가르칠 수 있다. 잘 알려진 예로는 이전 장에서 언급한 알파고 프로그램이 있다.

바둑이 AI에게 얼마나 엄청난 도전 과제였는지 알고 있는가? 19x19 크기의 바둑판은 가능한 수가 너무 많아서 단순히 모든 수를 데이터베이스에 저장하고 검색해 최적의 수를 찾는 방식으로는 해결할 수 없다. 그렇다면 컴퓨터는 어떻게 바둑을 그렇게 잘 배워서 세계 최고의 선수들까지 이길 수 있었을까?

여기서 알파고와 강화 학습이 등장한다. 우선, 이 프로그램의 12개 컨볼루션 신경망 시스템은 인간 전문가를 모방하도록 훈련되었다. 이를 위해 인간이 둔 과거 경기에서 나온 3천만 개의 착수가 담긴 데이터베이스가 제공되었다.

이러한 초기 형태의 "부트스트래핑(bootstrapping: 초기 학습 과정을 부츠 끈 묶기에 비유한 것-역자 주)"은 강화 학습이 아니었다. 그것은 전형적인 지도 학습이었다. 입력값은 과거에 실제로 인간 플레이어가 두었던 "좋은" 수로 라벨링된 바둑판 위의 위치였다.

이 초기 지도 학습 단계 이후, 알파고는 바둑을 꽤 잘 두게 되었다. 인간 전문가의 다음 수를 57%의 확률로 예측할 수 있었다.[50] 하지만 알파고의 개발사 딥마인드의 창작자들은 이를 더욱 향상시키고 싶었다. 그래서 알파고는 자신과의 대국을 진행하게 되었다. 알파고 대 알파고의 대국인 것이다. 수천 번의 셀프 대국 결과를 기반으로, 알파고는 강화 학습을 통해 모델을 계속 개선시켰다. 신경망의 가중치, 즉 파라미터는 알파고가 내린 결정의 결과에 따라 조정되었다.

한국의 바둑 세계 챔피언 이세돌과 대국할 때가 되었을 때, 알파고의 모델은 처음부터 그 강력함이 분명히 드러날 정도로 발전해 있었다. 알파고는 단순히 이세돌을 이긴 것만이 아니라, 경기 도중 전문가들을 당황하게 만드는 수를 두기도 했다. 이러한 수들은 어떤 면에서 매우 비인간적이었다. 비슷한 상황에서 인간 전문가가 둘 가능성이 낮은 수들이었던 것이다. 알파고가 셀프 대국을 통해 배운 기술들은 바둑의 2,500년 역사에서 없었던 것들이었다.

50.
Silver, David, and Demis Hassabis. "AlphaGo: Mastering the Ancient Game of Go with Machine Learning." Google Research Blog, January, 27, 2016, https://research.google/blog/alphago-mastering-the-ancient-game-of-go-with-machine-learning/.

51.
"Instruction Following." OpenAI, https://openai.com/research/instruction-following. Accessed January 29, 2024.

딥마인드의 이 팀은 또한 강화 학습을 사용하여 AI 프로그램이 옛날 아타리의 벽돌깨기 같은 비디오 게임을 플레이하도록 학습시켰다. 강화 학습은 자율주행 자동차 개발에서도 중요한데, 이는 모델이 도로에서 내린 결정들로부터 학습해야 하기 때문이다. 공장에서 조립 작업에 사용되는 로봇과 같은 다른 유형의 로봇들도 시간이 지남에 따라 결과를 개선하기 위해 강화 학습을 사용한다.

최근 오픈AI는 인간 피드백을 통한 강화 학습(reinforcement learning from human feedback: RLHF)이라는 강화 학습 방식을 사용하여 AI 챗봇인 챗GPT에 사용되는 최신 GPT 대규모 언어 모델을 훈련하고 미세 조정했다.[51] 이 방식은, 인간 라벨러들이 챗봇의 샌드박스 버전(성능 테스트용 버전) 사용자들이 제출한 프롬프트(예: "AI 책을 추천해 줘" 같은 명령어)를 검토한 후, 이러한 프롬프트에 대한 바람직한 응답의 예시(예: 특정 책 이름)를 제공하는 것으로 시작된다. 또한 모델의 실제 응답을 평가하거나 순위를 매겨, 출력이 얼마나 마음에 드는지와 특정 기준을 충족하거나 위반했는지에 따라 점수를 매긴다. 이러한 순위는 피드백으로 사용되어 모델을 미세 조정하는 데 활용된다.

높은 순위는 모델에게 주는 보상 같은 것이고, 낮은 순위는 일종의 처벌이다. 사실상, 이 모델은 인간 심사자의 선호를 충족하는 응답을 제공하는 방법을 훈련받고 있는 것이다.

머신러닝의 다른 유형들

우리는 세 가지 주요한 머신러닝 형태인 지도 학습, 비지도 학습, 강화 학습에 대해 살펴보았다. 다른 형태의 머신러닝도 있다.

예를 들어, 반지도 학습(semi-supervised learning)은 지도 학습과 비지도 학습의 조합이다. 이 접근법에서는 모델이 소량의 라벨이 붙은 데이터(예: 사람이 손으로 분류한 몇 백 장의 사진)를 사용해 훈련되고, 그 후에는 소셜 미디어 플랫폼에 업로드된 나머지 분류되지 않은 사진과 같은 대량의 라벨이 없는 데이터로부터 학습한다.

자가 지도 학습(self-supervised learning)에서는 학습 데이터 세트의 라벨이 인간 교사나 감독자에 의해 제공되지 않는다. 대신, 시스템 자체가 스스로 라벨을 생성한다. 예를 들어, 메타의 LLaMA나 오픈AI의 GPT-4와 같은 대규모 언어 모델은 문장에서 다음 단어를 예측하도록 훈련된다. 모델은 책, 기사, 웹사이트의 방대한 텍스트를 입력 받아, 이 학습 데이터의 문장을 사용해 스스로 테스트를 구성한다: "It was the best of times, it was the…" 모델은 정답인 "worst," 그 다음 "of," 그 다음 "times"를 학습 데이터에서 정답을 추측하고 확인하며 학습한다(이 인용문은 찰스 디킨스의 유명한 소설 『두 도시 이야기』에 나오는 첫 문장이다-역자 주). 이러한 질문과 답변 쌍을 포함한 퀴즈는 인간이 만드는 것이 아니다. 알고리즘이 텍스트 본문을 처리하며 이를 자동으로 생성한다.

과적합과 과소적합

어떤 데이터 세트도 완벽하지 않다. 이는 머신 러닝에서 사용되는 훈련 데이터 세트에도 해당된다. 훈련 데이터 세트에는 이상값(anomalies), 오류가 있거나 부정확한 값(erroneous or inaccurate values), 그리고 단순한 노이즈가 포함될 수 있다. 노이즈란 데이터 측정, 수집, 처리 방식의 변동성 등 여러 원인으로 인해 데이터에 존재하는 불완전성을 의미한다. 또한, 훈련 데이터 세트는 학습할 작업과 관련된 특정 세부 사항이 포함되기도 하지만 중요한 세부 사항이 누락될 수 있으며, 이를 사용하는 사람이 이러한 문제를 인지하지 못할 수도 있다.

예를 들어, 사진에 개가 포함되어 있는지 판별하는 모델을 훈련시키고 있다고 가정해 보자. 만약 훈련 데이터 세트에 특정 품종의 개만 포함되어 있거나, 개들이 모두 앉아 있거나 서 있는 경우, 그 모델은 이러한 특징들이 실제 해야 할 과업과 통계적으로 연관성이 있는 것으로 학습할 것이다.

그 후, 만약 다른 품종의 개가 있는 사진이나 개가 점프하는 사진을 보여준다면, 그 모델은 사진 내에 있는 것이 개라는 것을 못 알아 볼 지도 모른다.

이를 과적합(overfitting)이라고 하는데, 머신러닝에서 흔하게 나타나는 문제이다. 과적합된 모델은 훈련 데이터에 존재하는 노이즈 그리고 부적합한 세부 사항들을 작업 수행의 중요한 요소라고 학습한 것이다. 그 결과, 과적합된 모델은 훈련 과정에서 보지 못한 데이터를 처리할 때 성능이 떨어진다. 이 시나리오는 그림 3.4의 오른쪽에 나타나 있으며, 지나치게 구체적인 윤곽선으로 특정한 한 사람의 발에 너무 정확히 맞는 신발로 표현되고 있다.

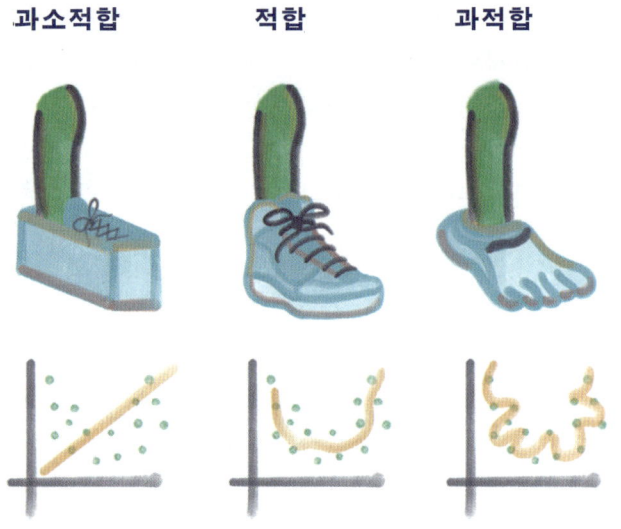

그림 3.4. 머신러닝에서의 과적합과 과소적합

    반면, 과소적합(underfitting)은 모델이 너무 단순하여 훈련 데이터 세트에서 관련 정보를 충분히 학습하지 못하는 경우이다. 이는 그림 3.4 왼쪽의, 모양을 제대로 따내지 못해서 안 맞는 신발로 나타난다.
    이러한 과소적합한 모델은 훈련 데이터에서 본 적이 없는 입력을 받았을 때도 성능이 좋지 않다. 가운데 그림은 데이터에 적합한 모델(good fit)의 "골디락스(균형 잡힌 상태를 뜻함)" 케이스이다. 이는 물론 모든 머신러닝 실무자가 달성하고자 하는 목표지만, 매우 달성하기 어려울 수 있다.

요약

이번 장에서는 머신러닝의 기본 개념을 다루었으며, 이는 AI 내 중요한 하위 분야이자 하위기호적 AI의 구현이다. 우리는 머신러닝의 발전을 가능하게 한, 두 가지 핵심 환경 요인의 변화에 대해 이해했다: 하나는 컴퓨팅 파워이고, 또 하나는 머신러닝 모델을 훈련시키기 위한 데이터의 양이다. 그 둘이 극적으로 증가했다.

우리는 사람들이 데이터를 통해 컴퓨터가 학습할 수 있는 능력을 부여하는 다양한 방법을 살펴보았으며, 이러한 접근 방식을 인간 학습의 여러 형태와 연결지었다. 때로는 교사가 정답과 오답을 우리에게 암기하라고 주는데, 이는 지도 학습과 유사하다.

때로는 우리 스스로 환경을 관찰하고 패턴을 찾아야 할 때가 있는데, 이는 비지도 학습과 유사하다. 또 다른 때에는 실제로 무언가를 시도해 보고, 결정을 내리고, 행동을 취한 뒤 그 결과로부터 학습해야 하는데, 이는 강화 학습과 비슷하다.

이들은 머신러닝이라는 우산 아래에서 발견할 수 있는 다양한 학습 알고리즘 중 세 가지이다.

그리고 머신러닝은 때때로 AI 자체와 같은 수준으로 여겨지기도 하지만, AI와 동일한 것은 아니다. 비록 지금은 주목받지 못하지만, 기호적 AI는 여전히 매우 중요하다. 지난 몇 십 년간 관심의 추는 기호적 AI에서 벗어나 하위기호적 AI 쪽으로 완전히 기울었지만, 균형을 되찾는 것이 미래 성장을 열어줄 수도 있을 것이다. 다음 장에서는 머신러닝 내에서 특히 강력한 하위 분야인 딥러닝에 대해 살펴보겠다.

제 4장: 딥러닝 입문

"우리가 개발한 도구와 기술은 AI가 할 수 있는 일의 광대한 바다에서 첫 몇 방울의 물에 불과하다."

페이페이 리, AI의 "어머니"

우리는 AI를 "인간의 지능이 요구되는 작업을 수행할 수 있는 컴퓨터 시스템"이라고 정의하며 여정을 시작했다. 그런 다음 짧은 역사의 여정을 통해 머신러닝에 집중했다. 머신러닝은 컴퓨터 프로그램이 작업을 수행하는 방법을 데이터를 통해 배우는 능력이다. 이번 장에서는 최근 몇 십 년간 컴퓨터에서 놀라운 능력을 열어준 머신러닝의 특정한 종류인 딥러닝의 세계로 깊이 들어가 보겠다.

AI, 머신러닝, 딥러닝 간의 관계는 종종 오일러 다이어그램(집합의 포함관계를 원으로 나타낸 것-역자 주)으로 다음과 같이 표현된다. AI는 가장 큰 원이고, 머신러닝은 그보다 작은 원으로, 딥러닝은 머신러닝 원 안에 완전히 포함된 가장 작은 원으로 나타낸다. (따라서 딥러닝은 가장 큰 원에도 완전히 포함된다.)

이 관계를 생각해 보면, 러시아 인형으로 완벽하게 비유할 수 있다. 딥러닝은 머신러닝의 하위 집합이고, 머신러닝은 AI의 하위 집합이다.

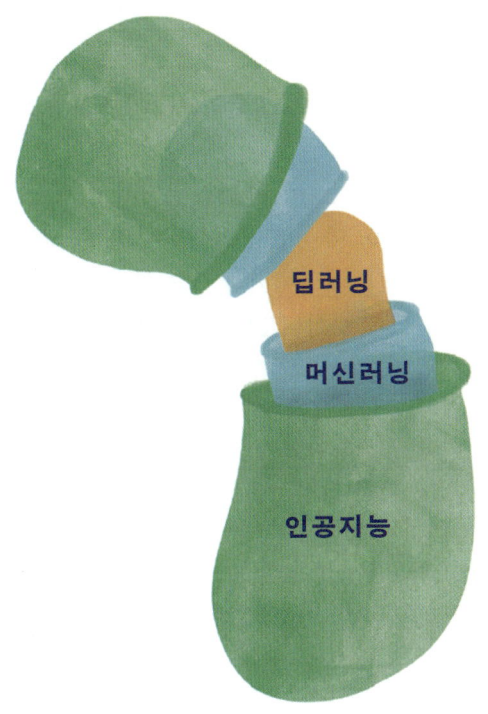

그림 4.1. AI, 머신러닝, 딥러닝의 간략한 관계

    이 말은 물론, 딥러닝에 해당하는 것은 모두 머신러닝에 해당하고, 머신러닝에 해당하는 것은 모두 AI에 해당한다는 것을 의미한다. 하지만 이 두 문장의 반대는 반드시 성립하지 않는다. 예를 들어, 일부 AI는 머신러닝을 포함하지 않을 수 있으며(예: 전문가 시스템이나 지식 그래프), 일부 머신러닝은 딥러닝을 포함하지 않을 수 있다(예: 의사 결정 트리나 군집화).

    딥러닝은 머신러닝의 특수한 분야로, 특정한 인공 신경망 계열인 심층 신경망(deep neural networks: DNN)을 포함한다. DNN은 AI의 세계를 변화시켰고, 그로 인해 우리가 살고 있는 세상도 변화시켰다. 2018년, 딥러닝 전문가인 얀 르쿤, 요슈아 벤지오, 제프리 힌튼은 「심층 신경망을 컴퓨팅의 중요한 구성 요소로 만든 개념적 및 공학적 돌파구」로 ACM A.M. 튜링 어워드를 공동 수상했다.[52] 이 권위있는 상은 종종 컴퓨팅 계의 노벨상으로 불리지만, 컴퓨터공학협회(ACM)는 노벨 재단과는 아무런 관계가 없다.

이번 장에서는 심층 신경망과 딥러닝에서 "심층적인" 부분이 무엇인지, 그리고 이 특별한 머신러닝 분야가 왜 AI, 컴퓨팅, 나아가 사회 전체에 그렇게 중요한 역할을 하게 되었는지에 대해 논의할 것이다. 21세기 초부터 지금까지 AI의 대부분의 돌파구 뒤에는 심층 신경망의 발전이 있었다. 심층 신경망을 개념적으로 이해하려면, 이러한 강력한 모델들에게 처음으로 영감을 준 인간 두뇌의 기본 단위인 생물학적 뉴런부터 시작해야 한다.

52.
"Fathers of the Deep Learning Revolution Receive ACM A.M. Turing Award," ACM Awards. Accessed February 25, 2024, https://awards.acm.org/about/2018-turing.

53.
Azevedo, F.A., Carvalho, L.R., Grinberg, L.T., Farfel, J.M., Ferretti, R.E., Leite, R.E., Jacob Filho, W., Lent, R., and Herculano-Houzel, S. Equal numbers of neuronal and nonneuronal cells make the human brain an isometrically scaled-up primate brain. J Comp Neurol 513, no. 5 (April 10, 2009): 532–41. doi: 10.1002/cne.21974. PMID: 19226510.

생물학적 뉴런

최근의 추산에 따르면, 신경과학자들은 인간의 뇌에 약 860억 개의 생물학적 뉴런(biological neurons)[53]이 포함되어 있다고 믿고 있다. 각각의 뉴런은 핵(nucleus)을 가진 신경 세포로, 시냅스(synapses)라는 구조를 통해 다른 이웃 뉴런들과 전기적, 화학적 신호를 주고받는다. 시냅스는 일종의 연결 지점인데, 신호를 전달하는 '상류' 뉴런에 있는 하나의 축삭(axon)과 그 신호를 받는 이웃 '하류' 뉴런들의 여러 개의 손가락 모양의 여러 개의 수상돌기(dendrites) 사이를 연결한다. 그림 4.2는 생물학적 뉴런의 주요 구성 요소를 그림으로 표현한 것이다.

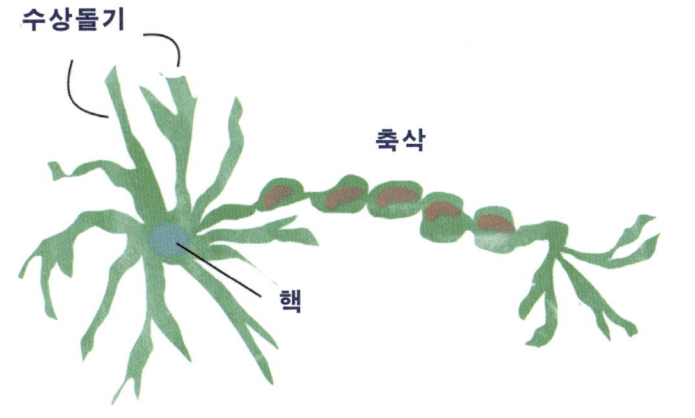

그림 4.2. 핵, 축삭, 수상돌기가 있는 생물학적 뉴런

인간의 뇌에서 각 뉴런은 이와 같은 방식으로 수 천 개의 다른 뉴런과 연결될 수 있다.[54] 뉴런의 수상돌기로 전달된 입력

54.
Gulati, A. Understanding neurogenesis in the adult human brain. Indian J Pharmacol 47, no. 6 (November–December 2015): 583–84. doi: 10.4103/0253-7613.169598. PMID: 26729946; PMCID: PMC4689008.

신호의 조합이 충분히 강하면, 뉴런은 자신의 축삭을 따라 전기 신호(다른 말로 활동 전위: action potential)를 발사하여 연결된 인접 세포의 수상돌기로 전달한다.

우리가 정보를 처리하고 외부 자극에 반응할 수 있는 것은, 뉴런 간의 커뮤니케이션 그리고 감각 입력과 운동 제어 간에 존재하는 중추신경계를 통한 뇌의 연결 덕분이다.

뉴런은 다른 뉴런과 매우 강한 연결을 가질 수 있으며, 이로 인해 종종 함께 활성화된다. 또한 어떤 다른 뉴런과의 연결은 상대적으로 약할 수 있는데, 이 때 상류 뉴런(신호를 보내는 뉴런)이 하류 뉴런(신호를 받는 뉴런)에 미치는 영향은 그만큼 크지 않다. 게다가, 뇌 내에서 개별 뉴런 간의 연결은 우리의 활동과 경험에 따라 시간이 지나면서 강화되거나 약화될 수 있는데, 이를 신경가소성(neuroplasticity)이라고 하며, 이는 우리가 학습하고 기억을 형성하는 능력에 중요한 역할을 한다.

인공 뉴런

비슷한 방식으로, 그러나 여러 면에서 다르게, 신경망 내에 있는 각각의 인공 뉴런(artificial neuron)은 연결된 다른 인공 뉴런들과 정보를 주고받는다. AI에서 인공 뉴런은 흔히 간단히 "뉴런"이라고도 불리며, 때때로 "시뮬레이션 뉴런(simulated neurons)"이라고도 불린다. 이 책에서'는 명확성을 유지하기 위해 인공 뉴런을 "뉴런"이라고 부르고, 생물학적 뉴런은 "생물학적 뉴런"이라고 칭하도록 하겠다. 만약 이 책이 인간 뇌에 관한 책이라면, 아마 생물학적 뉴런을 "뉴런"이라고 부르고, 인공 뉴런을 "인공 뉴런"이라고 불렀을 것이다. 그러나 이 책은 인간 뇌에 관한 책이 아니므로, 이렇게 표기하는 것이다.

뉴런은 어떻게 작동할까? 뉴런은 일련의 디지털 입력을 받아 각 입력을 해당 가중치(weight)와 곱한 후, 그 결과값을 더하여(이를 "가중 합"이라고 한다) 이 가중 합을 활성화 함수(activation function)에 입력한다. 활성화 함수는 뉴런의 출력을 결정하는 수학적 방정식이다. 활성화 함수의 출력(그 출력의 정도를 활성화 즉 activation이라고 표현한다)을 얻으면, 그것을 출력으로 내보내거나 다른 뉴런에 대한 입력으로 전달한다. 그림 4.3은 1950년대에 프랭크 로젠블랫이 만든 퍼셉트론을 나타낸다. 퍼셉트론은 역사상 처음으로 만들어진 뉴런이다.

로젠블랫의 퍼셉트론은 어떻게 작동했을까? 퍼셉트론은 다양한 센서로부터 입력값을 받아 각 입력값에 고유한 가중치를 곱한 후, 그 가중치를 적용한 입력값들을 모두 더했다. 그리고 이 합을 임계값과 비교했다. 만약 합이 임계값보다 작으면 퍼셉트론은 −1을 출력하고, 합이 임계값보다 크거나 같으면 1을 출력했다. 로젠블랫의 퍼셉트론에 대한 더 자세한 도식과 수학적 표기는 부록 1을 참조하라.

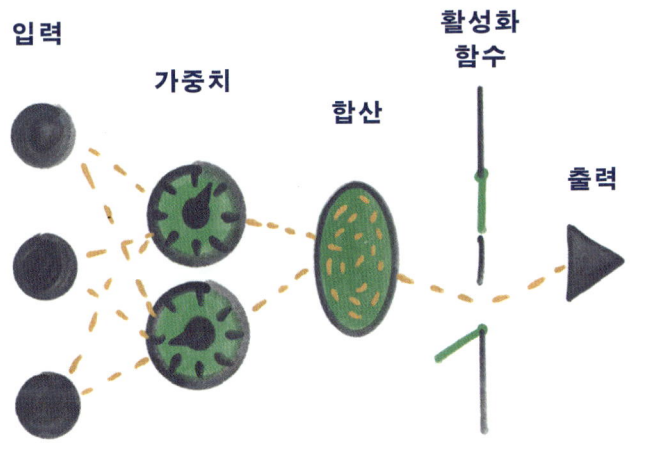

그림 4.3 프랭크 로젠블랫이 퍼셉트론에 대한 다이어그램

제 4장: 딥러닝 입문

이러한 유형의 활성화 함수가 임계값 활성화 함수(threshold activation function)라고 불리는 이유는, 입력값들의 가중 합이 특정 임계값에 도달하면 출력이 갑자기 다른 이진수 값으로 변하기 때문이다. 이는 기본적인 전등 스위치처럼 작동한다. 로젠블랫이 했던 것처럼 -1과 1 값을 사용하여 이진수 출력을 나타낼 수도 있고, 사람들이 자주 사용하는 0과 1 값을 사용하여 나타낼 수도 있다. 두 가지 표현 모두 유효하다

하지만 이 간단한 장치는 무엇에 사용될 수 있으며, 왜 우리가 이것을 "지능적"이라고 간주할 수 있을까? AI 역사에 대해 정리한 것을 기억하겠지만, 로젠블랫은 (임의의 위치에 타공된) 50개의 펀치 카드를 하나씩 IBM 704 메인프레임 컴퓨터에 넣고, 퍼셉트론 프로그램을 로드했다. 이 과정 후, 프로그램은 펀치 카드에 타공된 구멍이 오른쪽에 있는지 왼쪽에 있는지 구별하는 방법을 학습했다.

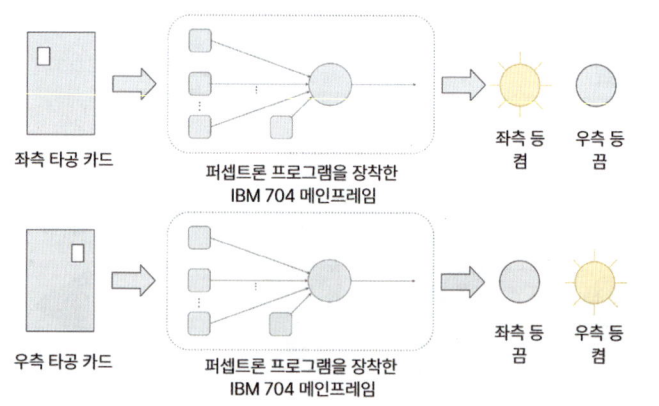

그림4.4. 로젠블랫의 퍼셉트론 시연 다이어그램

하지만 그 장치가 실제로는 어떻게 학습했을까? 뉴런의 가중치, 그리고 출력의 정확성을 높이기 위해 학습 과정 동안 그 가중치가 조정되는 방식이 핵심이었다. 뉴런의 가중치는 인간

뇌의 생물학적 뉴런들 간의 시냅스 연결 강도와 유사하다. 값이
더 높은 가중치는 더 효율적인 시냅스와 같아서 입력 신호가
뉴런에 미치는 영향이 더 커지게 된다.

특정 가중치의 값을 증가시키면 그 가중치와 관련된 입력의
영향력이 증가한다. 반대로, 가중치의 값을 감소시키면 해당
입력이 뉴런에 미치는 영향력이 감소한다.

그 이유는 뉴런에 대한 모든 입력이 특정 가중치와 곱해지기
때문이다. 이는 각 입력의 볼륨을 조정하는 것으로 생각할 수
있다. 만약 입력에 해당하는 가중치가 훈련 중에 증가하면,
그 입력의 "규모(volume)"가 커지고 뉴런에 미치는 영향이 더
커진다. 반대로, 훈련 중에 그 입력의 가중치가 감소하면, 그
입력의 "규모"가 작아지고 뉴런에 미치는 영향이 줄어든다. 사실,
뉴런의 가중치를 훈련 중에 조금씩 조정하여 뉴런이 더 정확하고
바람직한 출력을 낼 가능성을 높일 수 있다.

그렇다면 로젠블랫의 퍼셉트론은 훈련 중에 정확히 어떻게
자신의 가중치를 조정했을까? 처음에 퍼셉트론의 가중치는
무작위로 결정되었다. 그 후, 로젠블랫은 타공된 펀치 카드를
메인프레임에 넣었고, 퍼셉트론은 "왼쪽 구멍"이라고 추정될
경우 한 쪽에 불을 켰고, "오른쪽 구멍"이라고 추정될 경우 다른
쪽에 불을 켜는 이진수의 출력을 생성했다.

여기서 중요한 점은 다음과 같다. 퍼셉트론이 정확하게
추측했다면 즉 정답을 맞추었다면, 퍼셉트론의 가중치는 그대로
유지된다. 그러나 만약 추측이 틀렸다면 즉 정답을 맞추지
못했다면 퍼셉트론의 가중치는 간단한 공식에 의해 조정되어
출력에서의 오차를 효과적으로 줄이게 된다. 오차는 실제 출력과
기대 출력(정답)의 차이로 정의된다. 새로 조정된 가중치는
오차를 줄였고, 그로 인해 퍼셉트론은 그 특정 펀치 카드에 대해
올바른 출력을 낼 가능성이 더 높아지게 되었다.

이 과정을 50번 반복한 후, 퍼셉트론의 가중치는 정확한 추측을 할 수 있도록 조정되었다. 퍼셉트론은 왼쪽 편에 구멍이 있는 펀치 카드와 오른쪽 편에 구멍이 있는 펀치 카드를 구별하는 방법을 "학습했다." 이제 알겠지만, 이 유형의 머신러닝은 지도 학습이다. 왜냐하면 "감독자"인 로젠블랫이 각 훈련 실행마다 모델에게 출력이 맞았는지 틀렸는지 알려주었기 때문이다.

오늘날의 뉴런에 적용되는 원리는 로젠블랫의 원래 창작물과 놀라울 정도로 유사하지만, 몇 가지 중요한 차이점이 있다. 첫째, 현대 뉴런의 입력과 출력은 일반적으로 이진값이 아니다. 대신, 입력과 출력은 연속적인 값을 취할 수 있다. 즉, 단순한 on/off 스위치라기 보다는 밝기 조절기가 있는 전구와 같다. 이것은 이들이 펀치 카드의 왼쪽이나 오른쪽에 구멍이 있는지 판단하는 것보다 훨씬 더 복잡한 문제를 해결할 수 있도록 해 준다.

둘째, 현대의 뉴런은 임계값 활성화 함수를 거의 사용하지 않는다. 이러한 함수가 급격한 변화(불연속성이라고 불리기도 함)를 유발하는 날카로운 모서리(edges)를 만들어 내기 때문이다. 대신, 연구자들은 더 부드러운 활성화 함수가 훨씬 더 복잡한 네트워크의 훈련을 가능하게 한다는 것을 발견했다. 현대의 인공 뉴런의 다이어그램은 부록 2에서 확인할 수 있다.

신경망

로젠블랫이 1950년대에 시연한 퍼셉트론 프로그램은 하나의 단일한 퍼셉트론만 포함했지만, 오늘날의 AI 프로그램은 단 하나의 뉴런만 포함하지 않는다. 대신, 많은 뉴런들이 네트워크 형태로 배열되어 있다. 단순한 순방향 신경망(feedforward neural network)은 그림 4.5에 나와 있다(자세한 도표는 부록 3을 참조).

이 유형의 신경망은 모든 연결이 동일한 방향으로, 즉 도표의 왼쪽에서 오른쪽으로 향하기 때문에 순방향(feedforward) 신경망이라고 불린다. 오른쪽에서 왼쪽으로 향하는 역방향의 연결은 없고, 네트워크 내에서 반대 방향의 루프나 순환 구조도 존재하지 않는다. 정보는 오직 한 방향으로만 "전달된다": 입력에서 출력으로.

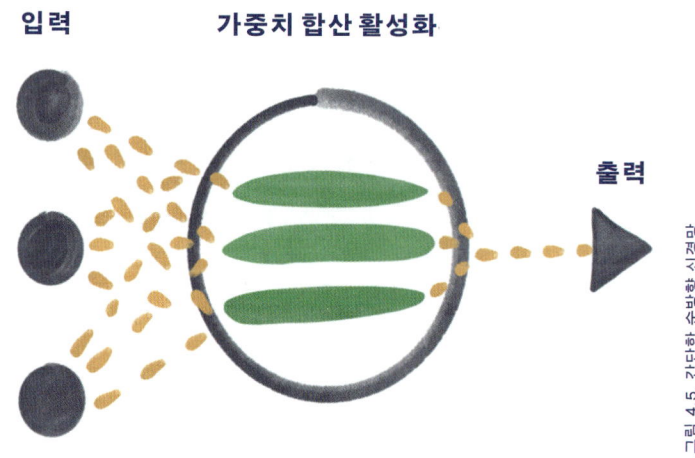

그림 4.5. 간단한 순방향 신경망

이 순방향 신경망의 예제에서, 입력값들로 구성된 하나의 층(이는 뉴런으로 간주되지 않음)이 다이어그램의 왼쪽에 위치한다. 가운데에는 세 개의 뉴런("노드" 또는 "유닛"이라고도 불림)으로 구성된 은닉층이 있고, 오른쪽에는 하나의 뉴런으로 구성된 출력층이 있다. 신경망은 입력 수, 은닉층의 수, 그리고 각 층의 뉴런 수가 서로 다를 수 있다.

이러한 특징들(입력층의 입력 수, 은닉층의 수, 은닉층과 출력층의 뉴런 수 등)은 하이퍼파라미터(hyperparameters)의 사례이며, 이는 개별 신경망의 특정 요소로서 훈련 과정이 시작되기 전에 사람이 직접 설정해야 하는 값들이다.
하이퍼파라미터는 훈련 과정 동안 변경되지 않고 유지된다.
오늘날 최첨단 신경망의 하이퍼파라미터를 조정하는 것은
과학이라기보다는 예술에 가까운 과정이며, 이를 잘 하는 사람은
많지 않아 수요가 매우 높은 편이다.

   신경망이 무엇을 할 수 있는지 이해하려면, 입력층의
입력값부터 시작해야 한다. 그렇다면, 입력값이란
정확히 무엇일까? 바로 네트워크가 학습하는 데이터의
특징(features)들이다. 예를 들어, 사진 속 하나하나의 픽셀,
텍스트 문서 속의 단어, 오디오 파일을 구성하는 짧은 음성
조각, 또는 스프레드시트에 포함된 주식 가격 등이 될 수 있다.
로젠블랫의 초기 퍼셉트론 시연에서, 그의 단일 신경망의 입력은
그가 메인프레임에 공급한 펀치 카드의 여러 측면을 측정하는
광센서의 측정값이었다. 입력 노드는 뉴런이 아니다. 그것들은
어떠한 계산도 수행하지 않고, 첫 번째 숨겨진 층의 뉴런이나
노드로 특성들을 전달할 뿐이다. 그래서 우리는 다이어그램에서
입력 노드들을 뉴런들과는 다른 형태로 표시했다.

   또한 다이어그램에서 각각의 입력 노드가 은닉층 내의
모든 뉴런에 연결되어 있다는 점에 주의해야 한다. 이는 흔히
적용되는 방식이며, 나중에 살펴볼 특정 유형의 신경망에서는
완전 연결(full connection) 대신 희소 연결(sparse connection)을
사용하는 경우도 있다. 각 연결에는 고유한 가중치(이를 모델의
파라미터라고 한다)가 있으며, 이 가중치들은 신경망이 정확하게
작업을 수행할 수 있도록 훈련 과정 중에 조정된다.

심층 신경망

이제 신경망이 무엇인지 기본적으로 이해했으므로,
심층신경망(DNN)의 "심층적(deep)"이라는 말은 어디서

비롯되었는지 알아보자. 간단히 말해, 그것은 네트워크에 포함된 은닉층(hidden layers)의 수와 관련된다. 신경망에서 은닉층은 입력층과 출력층 사이에 있는 모든 층을 말하는데, 두 개 이상의 은닉층을 포함하는 신경망은 심층신경망(deep neural network)으로 간주된다. 하나의 은닉층만 있는 신경망은 종종 얕은 신경망(shallow neural network)이라고 불린다.

또한, 은닉층의 수는 심층신경망의 깊이(depth)를 나타낸다. 깊이가 2인 DNN은 두 개의 은닉층을 가지며(그림을 보면 은닉층이 세 개처럼 보이지만 맨 오른쪽의 것은 출력층이다), 그 예시가 그림 4.6에 나와 있다. 입력층(입력층은 뉴런을 포함하지 않음)과 출력층(출력 뉴런)은 은닉층으로 계산되지 않는다. 그렇다면 이러한 추가적인 은닉층이 우리에게 무엇을 제공하는 걸까?

추가적인 은닉층은 신경망이 하나의 층으로는 학습할 수 없는 훨씬 더 복잡하고 추상적인 데이터 패턴을 학습할 수 있게 해준다. 그리고 바로 이 복잡한 데이터 관계들이 일반적으로 인간의 지능을 요구하는 작업의 핵심이 되는 경우가 많다. 다시 말해, 추가적인 은닉층은 AI의 약속을 실현하는 데 중요한 역할을 한다.

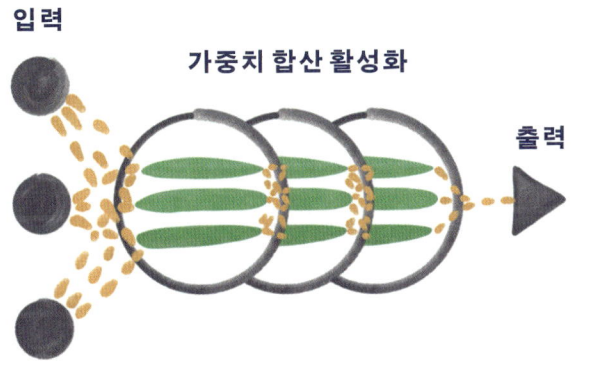

그림 4.6. 깊이가 2인 간단한 심층 신경망(DNN) 다이어그램

제 4장: 딥러닝 입문

AI의 개척자들이 처음으로 신경망을 연구하던 AI의 황금기, 다트머스 워크숍 이후 첫 20년 동안, 아무도 신경망의 은닉층에 있는 뉴런들의 가중치를 조정하여 신경망의 출력 정확도를 개선하는 방법을 알지 못했다. 게다가 마빈 민스키와 시모어 페퍼트 같은 전문가들은 이 문제를 해결해도 (AI의) 능력이 극적으로 향상되지 못할 것이라고 의심했다. 이러한 회의적인 시각은 초기 연구와 자금 지원을 신경망에서 멀어지게 만들었다.

왜 숨겨진 뉴런들의 가중치를 조정하는 것이 그렇게 어려웠을까? 다시 로젠블랫의 퍼셉트론을 살펴보면, 이 단일 뉴런 모델은 은닉층이 전혀 없다. 사실, 출력 뉴런 하나만 존재한다. 그 출력 뉴런의 가중치를 조정하여 모델의 정확도를 개선하는 방법은 매우 간단하다. 출력층에 뉴런이 더 추가된다고 해도, 이 문제는 여전히 수학적으로 간단하게 해결할 수 있다. 실제 출력과 기대되는(정확한) 출력을 비교한 후, 두 값의 차이를 줄이는 방향으로 가중치를 조정하면 된다.

하지만 입력이 여러 층의 뉴런을 거쳐 전달된다면 우리는 어떻게 해야 할까? 출력에서 발생한 오류에 대해, 어떤 층의 어떤 가중치가 가장 큰 영향을 미쳤는지는 어떻게 알 수 있을까? 이러한 가중치들을 어떻게 조정해야 전체 오류를 줄일 수 있을까? 우리는 왜 이런 조정을 해야 하며, 그 목적은 무엇일까? 당시에는 이러한 질문들에 대해 명확한 답을 알고 있는 사람이 아무도 없었다.

각각의 가중치가 오류에 얼마나 기여했는지 파악하는 문제는 공로 할당 문제(credit assignment problem)라고 불린다. 모델의 오류에 가장 큰 영향을 미친 가중치를 결정하는 것과 관련이 있기 때문에, 일부 사람들은 이를 '비난 할당 문제(blame assignment problem)'라고 부르는 것이 더 나은 이름이라고 지적하기도 했다. 공로든 비난이든 문제의 본질은 같다. 바로,

"모델의 예측 정확도를 개선하기 위해 심층 신경망의 가중치를 학습 중에 얼마만큼 조정해야 하는가?"라는 질문이다.

심층 신경망 훈련

심층신경망의 공로 할당 문제에 대한 해답은 프랭크 로젠블랫 시대에도 이미 눈앞에 존재하고 있었다. 1960년대 로켓 비행과 화학적 프로세스의 최적화에 사용되었던 한 수학적 접근법이 AI 분야에 적용될 필요가 있었고, 결국 그렇게 되었다.

우리가 이제 심층 신경망의 가중치를 훈련 중에 조정하는 방법의 두 가지 요소는 역전파(backpropagation)와 경사하강법(gradient descent)이며, 이들은 서로 협력하여 작동한다. 이 접근법은 이론적으로 항상 유효했지만, 계산 능력과 훈련 데이터 세트 크기가 증가하면서 신경망에서 획기적인 능력을 발휘할 수 있는 잠재력이 드러났다. 이 책에서는 이들 접근법의 기본 개념을 설명할 것이다. 다만, 이에 대한 수학 공식은 이 책의 범위 밖이다.

역전파

역전파는 1970년 핀란드의 수학자이자 컴퓨터 과학자인 세포 리낭마에 의해 처음 공식화되었으며, 이는 로젠블랫의 비극적인 보트 사고가 발생한 해의 일이다. 리낭마의 석사 논문에서는 결국 은닉 뉴런의 가중치를 조정하는 데 적용될 단계들이 핀란드어로 설명되어 있었다.

그러나 리낭마는 그의 석사 논문에서 신경망에 대해서는 언급하지 않았다. 역전파와 신경망과의 첫 연결은 1974년 미국의 컴퓨터 과학자 폴 웨어보스에 의해 이루어졌고, 1986년 데이비드 러멜하트, 제프리 힌튼,

로널드 윌리엄스가 그들의 기념비적인 논문인 「오차 역전파를 통한 표현 방식 학습(Learning representations by back-propagating errors)」에서 대중화시켰다.[55]

개념적으로 볼 때, 역전파(backpropagation)가 작동하는 방식은 다음과 같다. 먼저 순방향 패스(forward pass)라고 불리는 과정에서, 훈련 입력값이 신경망에 제공된다. 이때 훈련되지 않은 모델은 임의로 초기화된 가중치를 가지고 있으며, 이 가중치들이 각 뉴런에 활성화(activation)를 일으키며 입력은 뉴런에서 뉴런으로, 층에서 층으로 흘러간다. 이 과정을 거쳐 출력층의 뉴런들은 자신의 출력값, 즉 모델이 현재 단계에서 예측한 값을 제공하게 된다.

그 다음, 역방향 패스(backward pass)가 시작된다. 먼저 알고리즘은 손실 함수(loss function)를 적용하여 각 출력 뉴런의 오류를 계산하는데, 이는 실제 출력값과 기대 출력값(또는 목표 출력값)을 비교함으로써 예측이 얼마나 틀렸는지를 파악하는 것이다. 이를 위해, 주어진 입력에 대해 기대 출력값(정답)이 무엇인지 알 필요가 있다. 이는 역전파 알고리즘이 인간이 올바른 출력으로 라벨링한 훈련 데이터를 사용하는 지도 학습 과정의 일부임을 보여준다. "손실 함수"라는 용어는 때때로 비용 함수(cost function)와 동일하게 사용되기도 한다. 이 두 용어는 모두 모델의 오류를 설명하지만, 손실 함수는 기술적으로 하나의 훈련

---

55. Rumelhart, D., Hinton, G., and Williams, R. Learning representations by back-propagating errors. Nature 323 (1986): 533–536. https://doi.org/10.1038/323533a0

예제에서의 오류를 의미하며, 비용 함수는 전체 훈련 세트에 걸친 평균적인 오류를 의미한다.

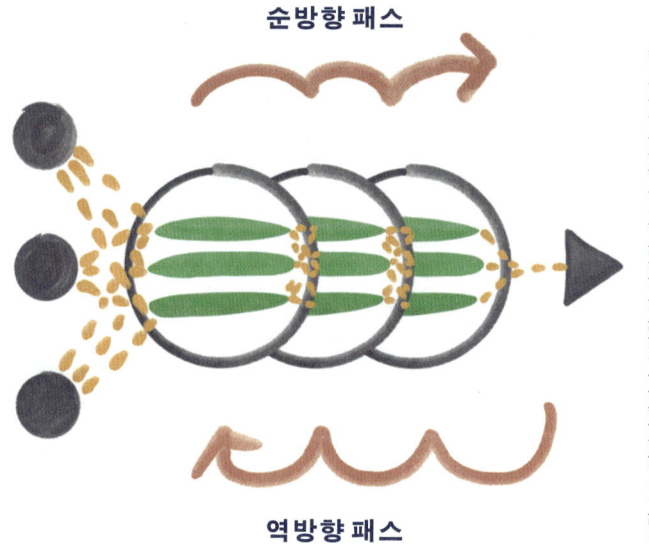

그림 4.7. 역전파에서의 순방향 및 역방향 패스의 개념적 다이어그램

출력 뉴런의 손실 함수를 찾은 후, 알고리즘은 이 오류를 역전파라는 이름에 걸맞게 신경망을 통해 역으로 전파한다. 층에서 층으로, 뉴런에서 뉴런으로, 신경망의 각 개별 가중치가 신경망의 전체 오류에 대해 어느 정도의 책임(또는 비난)을 지는지 할당한다. 이것이 앞서 말한 '공로 할당'이며, 이를 통해 알고리즘은 출력 예측의 정확도를 향상시키기 위해 각 가중치를 얼마나 조정해야 하는지 결정한다.

    이 모델은 단 한 번의 훈련 예제에 대한 순방향 및 역방향 전파만으로 모든 것을 해결하지 않는다. 대신, 여러 번의 훈련 예제를 통해 이 과정을 반복하며, 매번 가중치를 조정하며 점차 모델의 오류를 줄여 나간다. 이것이 현대 신경망이 훈련 데이터를 사용해 작업을 수행하는 방법이다. 즉, 신경망은 작업 수행 방법에 대한 명시적인 지시를 받는 것이 아니라, 데이터에 내재된 패턴을 통해 스스로 작업을 학습하는 것이다.

그림 4.8. 경사 하강법을 사용해 스키어가 경사의 끝에 있는 산장으로 가는 모습

경사 하강법

역전파 알고리즘은 훈련 과정의 각각의 라운드에서 각각의 가중치를 어떻게 수정할지 알아내기 위해 중요한 수학적 기법인 경사 하강법(gradient descent)을 사용한다.

경사하강법에는 여러 형태가 있지만, 기본 아이디어는 알고리즘이 모델의 오류 또는 손실 함수(loss function)를 가장 많이 줄일 수 있는 각 가중치의 변화 방향과 크기를 찾는 것이다. 이 모델에는 학습률(learning rate)이라는 또 다른 하이퍼파라미터가 포함되어 있는데, 이는 각 반복에서 가중치가 얼마나 변화할지를 결정한다. 전체 알고리즘은 손실 함수의 오류를 최대한 많이, 그리고 가능한 한 빠르게 줄이는 것을 목표로 한다. 수학적으로 표현하면, 이는 손실 함수 곡선에서 지역 최소값(local minimum)을 찾는 것을 의미한다.

이 과정을 스키어가 스키 슬로프의 아래쪽에 있는 산장을 방문하려고 하는 상황에 비유할 수 있다. 스키어가 산에서 더 높은 위치에 있을수록 모델의 비용 함수(cost function)는 더 커지며, 낮은 값이 더 좋은 것이다. 경사하강법은 스키어가 선택하는 방향에 비유할 수 있는데, 경사가 더 가파를수록 더 좋은 방향이다. 학습률(learning rate)은 스키어가 얼마나 빠르게 내려가는지에 비유할 수 있다. 빠르다고 해서 반드시 더 좋은 것은 아니다. 스키어가 너무 느리게 스키를 탄다면 산장에 도달하는 데 시간이 오래 걸릴 것이다. 하지만 너무 빠르게 내려가면 산장을 지나쳐 반대편 산을 다시 올라가는 상황이 생길 수도 있다.

전체적으로, 스키어는 산장을 지나치지 않으면서 가능한 한 빨리 산 아래로 내려가야 한다.

덧붙이자면, 역전파에서는 함수의 기울기에 의존하기 때문에, 현대 신경망은 퍼셉트론에서 로젠블랫이 사용했던 계단형(threshold) 활성화 함수 대신, 정류 선형 유닛(ReLU), 쌍곡 탄젠트 함수(tanh), 시그모이드 함수(sigmoid) 같은 더 부드럽고 연속적인 활성화 함수를 사용한다. 계단형 활성화 함수는 그림 4.9a에서 보여지듯이 y=0에서 y=1로 값이 점프하는 x=0이라는 임계값에서 날카로운 모서리를 가지고 있다. 고등학교 미적분 수업을 기억한다면, 이런 모서리(또는 불연속이 발생하는 부분)에서는 곡선의 기울기, 즉 도함수(derivative)를 구할 수 없다는 것을 알 것이다. 추가적으로, 시그모이드 함수와 쌍곡 탄젠트 함수의 비선형성은 신경망이 데이터의 입력과 출력 사이에서 더 복잡한 관계를 찾는 데 도움을 준다.

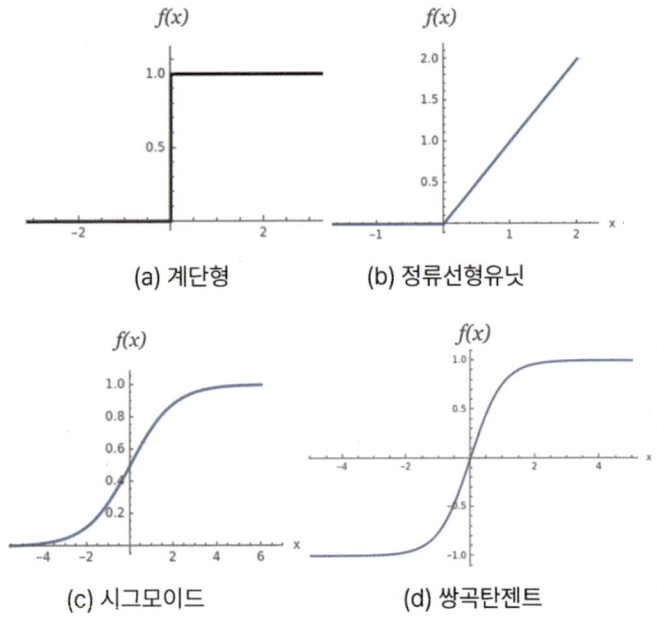

그림 4.9. 신경망에서 사용되는 다양한 활성화 함수

방대한 데이터 세트에서 더 복잡한 패턴을 찾아낼 수 있는 능력이 바로 딥러닝 신경망이 그토록 가치 있는 이유이다. 이는 한때 불가능하다고 여겨졌던 놀라운 일들을 할 수 있는 이유이며, 딥러닝이 오늘날 인공지능의 전형적인 유형이 된 이유이기도 하다. 물론, 딥러닝의 등장을 가능하게 한 조건은 계산 능력과 학습 데이터의 증가였다. 뿐만 아니라 딥러닝이 실제로 작동하도록 하기 위해 역전파와 경사하강법 같은 기술을 개발하고 적용하며, 다양한 활성화 함수, 네트워크 구성, 하이퍼파라미터를 실험하고 개선하고자 했던 재능 있는 연구자들 및 컴퓨터 과학자들의 엄청난 노력과 독창성도 중요한 역할을 했다.

심층 신경망의 유형

자, 지금까지 신경망의 수학적 방정식에 깊이 빠져들지 않았더라도 꽤 많은 기술적 정보를 다루었다. 신경망의 내부 작동 원리에 대한 수학에 관심이 있다면, 마이클 닐슨이 쓴 무료 온라인 교재『신경망 그리고 딥러닝(Neural Networks and Deep Learning)』을 참고하기 바란다.[56]

우리의 딥러닝과 신경망 연구의 마지막 단계로, 나는 컴퓨터 비전과 자연어 처리 분야에서 획기적인 능력을 이끌어낸 몇 가지 유형의 심층 신경망을 살펴보고자 한다.

컨볼루션 신경망 (CNN)

첫 번째 유형은 컨볼루션 신경망(convolutional neural network: CNN), 때로는 ConvNet이라고도 불린다. 이 유형의 심층 신경망은 컴퓨터 비전에서 중요한 돌파구를 이루었으며, AI 모델이 물체를 인식하고 사진 및 비디오를 분석할 수 있는 능력을 제공한다. CNN은 우리가 스마트폰으로 찍은 사진을 통해 손으로 쓴 수표를 은행 계좌에 입금할 수 있게 해주며, 자율주행 자동차, 의료 영상, 그리고 많은 다른 응용 프로그램에서 중요한 역할을 한다.

CNN이 특별한 이유는 무엇이며, 그것은 어디서 비롯되었을까? CNN은 인간의 뇌가 시각 정보를

56.
Nielsen, Michael A. "Neural Networks and Deep Learning," Determination Press, 2015, http://neuralnetworksanddeeplearning.com/

처리하는 방식에 대한 통찰을 바탕으로 한다. 1950년대와 1960년대에 신경생리학자 데이비드 H. 휴벨과 토르스텐 N. 비셀은 인간 뇌의 시각 피질이 점점 더 복잡하고 추상적인 특징을 감지하는 여러 층의 뉴런들로 구성된 계층 구조로 조직되어 있음을 발견했다.

예를 들어, 첫번째 층은 선이나 가장자리 같은 단순한 특징에 민감하고, 다음 층은 코너나 각도 같은 복잡한 특징을 감지한다. 그 다음 층은 삼각형, 사각형과 같은 형태를 인식하고, 그 다음 층은 눈, 코와 같은 구체적 구성 요소를 감지하여 결국 전체 얼굴과 같은 높은 수준의 패턴을 인식할 수 있게 된다. CNN의 층들은 이미지 처리를 계층적인(hierarchical) 방식으로 진행하도록 설계되어 있으며, 은닉층에서 은닉층으로 하나하나씩 처리된다. 이 계층 구조의 단순화된 버전은 그림 4.10에 나와 있다.

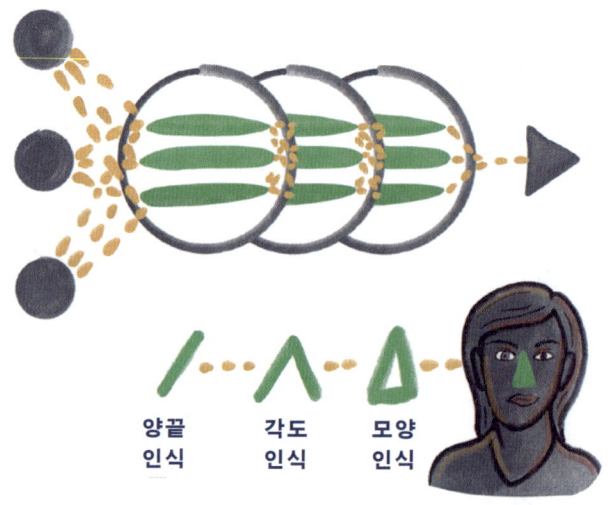

그림 4.10. 시각 정보의 계층적 처리

1980년대에 얀 르쿤이 개발한 CNN은 시각 정보의 계층적 처리에서 영감을 받았으며, 그 이전에는 1970년대 쿠니히코 후쿠시마의 네오코그니트론(neocognitron)이 있었다. 1979년에 후쿠시마는 그의 네오코그니트론을 훈련시켜 손으로 쓴 일본어 문자를 인식하도록 했고, 1989년에는 르쿤이 역전파와 경사하강법을 사용하여 손으로 쓴 우편번호를 과거엔 볼 수 없었던 정확도로 인식할 수 있는 CNN 버전을 사용했다.

그렇다면 CNN은 어떻게 작동할까? 다른 용도도 있지만, CNN의 입력으로 가장 흔히 사용되는 것은 이미지나 비디오의 픽셀에 대한 RGB(빨강-초록-파랑) 값이다. CNN은 모든 픽셀을 첫 번째 은닉층의 모든 뉴런과 연결하는 대신, 이미지에서 특정 유형의 특징을 감지하도록 설계된 일련의 필터를 적용한다. 필터는 커널이라고도 하며, 이미지에서 특정한 특징을 감지할 수 있도록 가중치를 배열한 것이다. 예를 들어, 하나의 필터는 좌우의 끝단을 감지할 수 있고, 다른 필터는 상하의 끝단을 감지할 수 있다.

필터는 이미지를 한 번에 전체적으로 살펴보지 않는다. 대신, 패치(예: 3x3 크기의 9픽셀 그리드)라고 불리는 이미지의 작은 부분에 적용되며, 이 그리드는 점차적으로 이미지를 가로질러 이동하고, 필터가 특정한 특징을 감지한 위치를 강조하는 특징 맵(feature map)을 생성할 때까지 움직인다. 각 필터는 해당 필터가 감지한 특징의 위치를 나타내는 고유한 특징 맵을 만든다. 특정 필터에 대해 이 컨볼루션 과정이 어떻게 작동하는지에 대한 개념적 설명은 그림 4.11에서 3x3 그리드가 이미지를 어떻게 가로질러 이동하는지를 보면 된다.

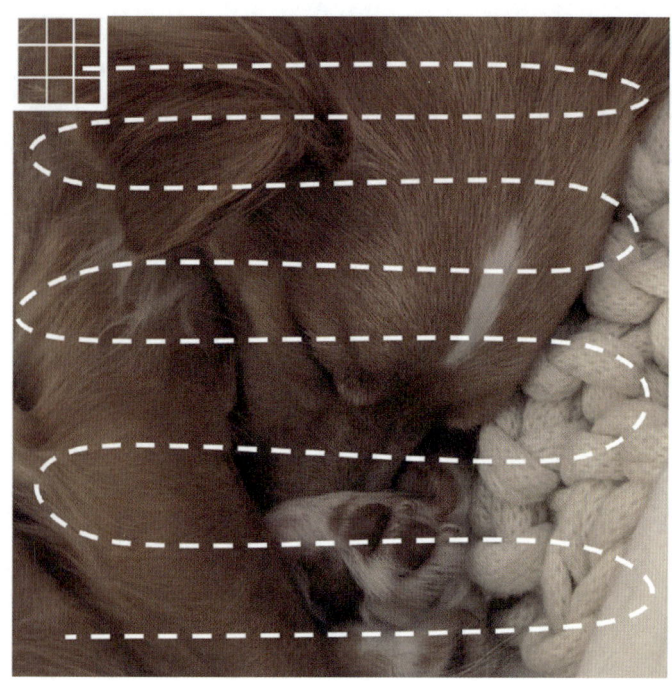

그림 4.11. 3x3 필터 그리드(크기는 표시되지 않음)와 이미지에서의 컨볼루션 경로에 대한 개념적 이미지

    컨볼루션 층의 각 뉴런은 특정 필터가 이미지를 따라 이동하는 동안의 특정 위치와 연관되어 있다. 컨볼루션 층의 각 뉴런에 적용되는 가중치는 모두 동일하며, 이를 통해 필터가 찾고자 하는 특정한 특징(예: 개의 발)을 이미지 어디에서든 감지할 수 있게 한다. 예를 들어, 개의 발이 이미지의 왼쪽 상단에 있다면, 해당 위치에 초점을 맞춘 뉴런이 이를 감지할 것이다. 개의 발이 이미지 중앙에 있다면, 중앙 위치에 연관된 동일한 필터를 사용하는 또 다른 뉴런이 이를 감지할 것이다. 이는 이 뉴런들이 동일한 가중치를 갖기 때문이다.

    CNN은 이러한 컨볼루션 뉴런에 활성화 함수(일반적으로 ReLU)를 적용하여 네트워크에 비선형성을 도입한다. 이를 통해 더 복잡한 패턴을 찾고 학습 중에 경사하강법을 적용할 수 있게 한다. 또한, 컨볼루션 층 이후에 추가적인 층이 포함되는데, 예를 들어 특징 맵의 차원을 줄이는 풀링 층(pooling layers)과 이미지에서 발견된 객체 또는 객체 목록을 출력하는 분류 층(classification layers) 등이 있다.

CNN은 라벨이 붙은 대규모 이미지 세트에 대해 학습되며, 역전파와 경사하강법 기술을 적용하여 각 필터의 개별 가중치를 조정함으로써 훈련 이미지에서 의미 있는 특징을 감지하는 방법을 학습한다. 이는 당연히 우리가 CNN을 사용하려는 목적인 훈련 세트에 포함되지 않은 새로운 이미지를 분석할 수 있도록 한다.

생성적 적대 신경망(GAN)

생성적 적대 신경망(generative adversarial networks: GAN)은 2014년 이안 굿펠로우와 그의 동료들이 소개한 것으로, 훈련 과정에서 서로 결합된 한 쌍의 신경망으로 구성된다. 이 두 모델 중 하나는 생성기(generator)로, 실제 데이터와 구별할 수 없을 정도로 유사한 출력(예: 단어, 이미지, 오디오, 비디오)을 생성하려고 시도한다. 예를 들어, 실제 사람의 얼굴처럼 보이지만 실제로는 존재하지 않는 가상의 사람의 얼굴 이미지를 떠올려보면 된다.

쌍을 이루는 다른 신경망은 판별기(discriminator)이다. 판별기의 역할은 주어진 입력이 훈련 데이터에서 온 실제 샘플인지, 아니면 생성자가 만든 가짜인지 판단하는 것이다. 이 두 신경망은 함께 훈련되며 서로 경쟁하기 때문에 "적대적" 관계에 있다.

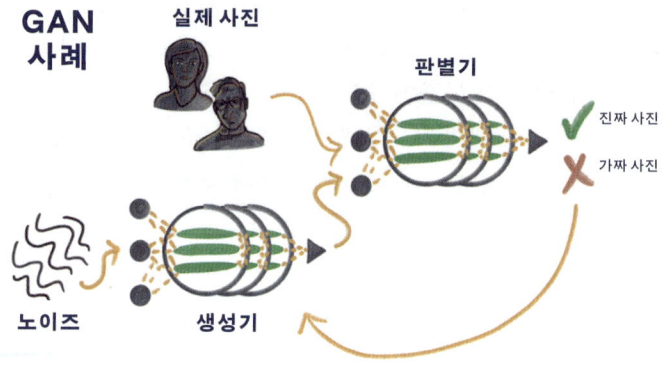

그림 4.12. 생성적 적대 신경망(GAN)의 개념적 다이어그램

처음에 생성기는 랜덤하게 존재하는 노이즈를 기반으로 가짜를 생성한다. 예상할 수 있듯이, 초기 단계에서는 판별기가 샘플 세트에서 가져온 실제 이미지와 생성기가 만든 가짜를 구별하는 것이 어렵지 않다.

그러나 각 훈련 라운드의 결과는 반복적인 방식으로 생성기에 피드백된다. 여러 라운드의 훈련을 거치면서 생성기는 점점 더 실제와 유사한 가짜를 만드는 방법을 배운다.

그와 동시에 판별기는 가짜임을 드러내는 점점 더 미묘한 단서를 파악하는 방법을 배운다. 이 과정은 생성기와 판별기 모두에 대해 지속적인 개선 루프를 만들어 준다.

이 과정의 목표는 일반적으로 생성기가 실제와 구별하기 어려운 가짜 콘텐츠를 생성하도록 훈련시키는 것이다. 이때 판별기는 그것을 맞힐 확률이 50/50보다 더 높지 않게 된다. 다음 장에서 우리는 생성형 AI 모델이 만들어내는 초현실적인 콘텐츠와 관련된 윤리적 문제들, 예를 들어 여러 가지 방식으로 오해를 일으키거나 해를 끼칠 수 있는 딥페이크에 대해 다룰 것이다.

트랜스포머와 대규모 언어 모델(LLM)

대규모 언어 모델(LLM)은 방대한 양의 텍스트 데이터를 학습하여 인간 언어를 처리하고 생성하는 특정한 유형의 심층 신경망이다.

최첨단 LLM은 수십억 개의 파라미터(수많은 뉴런에 적용되는 가중치와 편향)를 가지고 있으며, 이 파라미터들은 훈련 과정에서 미세하게 조정되어 이러한 모델이 인간의 언어와 유사한 출력을 생성할 수 있도록 한다.

오늘날의 고급 LLM, 예를 들어 오픈AI의 GPT-4, 메타의 LLaMA 2, 미스트럴 AI의 미스트럴-8x7B와 같은 모델은 다양한 인간 언어 작업을 빠르고 비교적 높은 정확도로 수행할 수 있다. 그러나 이들 모델은 스스로의 한계 그리고 훈련 데이터에 내재된 많은 불완전성과 편향으로 인해 결코 완벽하다고 할 수 없다. 그럼에도 불구하고 이들이 놀랍도록 유능하고 강력하다는 점은 부정할 수 없다. 최근 이러한 능력이 급격히 향상된 이유 중 하나는 트랜스포머라고 알려진 기술로의 전환 때문이다.

트랜스포머 아키텍처는 2017년 구글 연구원들이 발표한 논문 「어텐션만으로도 충분하다(Attention Is All You Need)」에서 처음 소개되었다.[57] 트랜스포머는 셀프 어텐션 메커니즘이라는 진보된 방식을 사용하는 특정 유형의 신경망으로서, 모델이 전체 시퀀스의 모든 토큰(단어, 형태소, 또는 개별 문자)을 한 번에 고려할 수 있도록 한다. 이는 한 번에 한 토큰만 처리하는 방식과는 대조적이다. 또한, 트랜스포머는 셀프 어텐션 메커니즘의 출력을 처리하기 위해 순방향 신경망을 사용한다. 트랜스포머는 뛰어난 성능 덕분에 많은 자연어 처리 작업에서 순환 신경망(RNN)과 장단기 메모리 네트워크(LSTM)를 대체하게 되었다.

사실상, 트랜스포머가 하는 일은 시퀀스 내 각 토큰의 중요도를 평가하여 다음 토큰을 예측하는 데 기여하는 정도를 점수로 할당하는 것이다. 예를 들어, "more than meets the…"라는 문구에서 다음에 올 단어는 무엇일까? 우리는 다음 단어가 "eye"일 가능성이 높다는 것을 알고 있다(영화 트랜스포머의 유명한 슬로건 "Transformers: More than meets the eye"을 말함-역자 주). 메시징 플랫폼부터 텍스트 편집기까지, 우리가 매일 사용하는 소프트웨어는 이미 수년간 우리를 위해 다음 단어를 예측해왔다. 내가 지금 이 문장을 입력하고 있는 구글 독스 파일도 내가 타이핑할 때마다 빈칸을 채우려고 시도하고 있다.

그러나 트랜스포머는 단순한 "다음 단어 예측기"에 그치지 않는다. 모든 단어를 동시에 처리하는 능력과 방대한 훈련 데이터 덕분에, 트랜스포머는 훨씬 더 복잡한 자연어 작업을 수행할 수 있다. (위에서 설명한) 어텐션 메커니즘은 모델이 입력 시퀀스의 다양한 부분에 초점을 맞춰 프롬프트에 대한 응답을 생성할 때 중요한 역할을 한다. 이를 통해 모델은 단어 간의 맥락과 관계를 이해하고 작업할 수 있는 능력을 갖추게 된다. 트랜스포머는 언어 처리뿐만

57.
Vaswani, A., Shazeer, N. Parmar, N., Uszkoreit, J., Jones, L., Gomez, A. N., Kaiser, L., and Polosukhin, I., "Attention Is All You Need," Advances in Neural Information Processing Systems 30 (June 12, 2017), https://arxiv.org/abs/1706.03762

58.
"Introducing ChatGPT." OpenAI, November 30, 2022, https://openai.com/index/chatgpt/t

아니라 컴퓨터 비전, 오디오 처리 등 다른 분야에도 응용되고 있다.

2022년 11월, 오픈AI는 챗GPT를 대중에게 공개했다. 출시 당시 챗GPT는 GPT-3 모델을 개선한 GPT-3.5 대규모 언어 모델을 사용했으며, 이 모델은 1750억 개의 파라미터를 가지고 570GB의 텍스트로 훈련되었다. 이 텍스트는 위키피디아와 같은 인터넷 사이트뿐만 아니라 책, 연구 논문, 기타 텍스트 소스에서 수집되었다. 챗GPT의 "GPT"는 생성적 사전 학습 트랜스포머(Generative Pre-trained Transformer)의 약어이다. 이후 오픈AI는 GPT-4 모델을 출시했으나, 점점 치열해지는 경쟁 환경으로 인해 더 이상 모델의 파라미터 수나 훈련 데이터 크기를 공개하지 않고 있다.

오픈AI의 접근 방식은 모델을 수십억 개의 문장으로 사전 훈련하여 다음에 올 말을 예측하는 것이다. 그런 다음 사전 훈련된 모델을 인간 리뷰어들이 모델의 다양한 출력을 읽고 평가하는 방식으로 미세하게 튜닝한다. 이 과정은 인간 피드백을 통한 강화 학습(reinforcement learning from human feedback: RLHF)이라고 불린다.[58] 오픈AI 자신도 인정하듯, 이 과정의 결과는 완벽하지 않다. 사실, 모델은 인간 트레이너가 선호하는 출력을 제공하는 방법을 배우고 있는 것이다. AI가 우리가 듣고 싶은 말을 하도록 훈련하는 것에는 장점과 단점이 모두 있을 수 있을 것이다.

요약

딥러닝이 AI 기술 전반과 우리의 세상에 혁신을 일으켰다는 사실은 부인할 수 없다. 이제 여러분은 딥러닝이 무엇인지, 그것이 어디에서 왔는지, AI의 전체 그림 속에서 어떻게 위치하는지,

그리고 그것이 왜 그렇게 강력한 변화의 원동력이 되었는지에 대해 더 잘 이해하게 되었다. 딥러닝은 빅 데이터 시대에 번성했다. 심층 신경망은 방대한 데이터 세트를 기반으로, GPU와 같은 최첨단 계산 과정과 하드웨어를 사용하여 상대적으로 짧은 시간 안에 많은 수의 계산을 수행하면서 훈련된다.

신경망과 딥러닝은 인간 뇌의 작동 방식에서 영감을 받아 탄생했다. 물론 그것들이 실제로 작동하는 방식은 생물학적 뇌의 작동 방식과는 꽤 다르지만, 인공 신경망과 생물학적 신경망의 기본적인 비교에서 그 뿌리는 명확히 드러난다. 신경망의 가장 간단한 형태인 프랭크 로젠블랫의 단일 뉴런 장치인 퍼셉트론은 AI 분야의 초기 시절에 존재했지만, 여러 개의 은닉층을 가진 네트워크 또는 심층 신경망을 훈련하는 데 어려움이 있어 관심과 투자가 감소했다.

1970년대와 1980년대 동안 신경망에 대한 열기는 다소 식었지만, 상대적으로 적은 수의 헌신적인 전문가들 사이에서 연구는 계속 진행되었다. 시간이 지나면서, 심층 신경망 훈련의 일련의 혁신들—특히 역전파, 경사하강법, 그리고 정류 선형 유닛(ReLU), 시그모이드(sigmoid), 쌍곡 탄젠트(tanh)와 같은 활성화 함수의 적용—은 더 이상 무시할 수 없는 진전을 가져왔다.

일련의 혁신적인 신경망 아키텍처들은 컴퓨터 비전(컨볼루션 신경망 CNN), 이미지 생성(생성적 적대 신경망 GAN), 자연어 처리(트랜스포머)에서 능력의 큰 도약을 이끌어냈다. 이러한 진화적 도약 덕분에, 관심의 추는 비기호적(또는 연결주의적) AI 쪽으로 이동했고 지금도 그곳에 머물고 있다.

이제 AI는 어디로 나아갈 것인가? 개인적으로는 심층 신경망의 신뢰성을 강화하기 위해 기호적 AI에 더 많은 발전이 필요하다고 생각한다. 딥러닝은 종종 왜곡된 기억을 생성하거나 환각을 일으켜 터무니 없는 출력을 만들어내기 때문이다. 기호적 AI와 하위기호적AI가 반드시 상호 배타적일 필요는 없다.

    이는 오래전 TV에서 봤던 맥주 광고를 떠올리게 한다. 광고 속에서 술집 손님들은 특정 맥주가 "맛이 좋다"고 외치는 그룹과 "배가 덜 부르다"고 외치는 그룹으로 나뉘어 논쟁을 벌인다. 광고의 요점은 맥주가 두 가지 이유 모두로 훌륭하다는 것이며, 굳이 논쟁할 필요가 없다는 것이었다. 이와 마찬가지로, AI도 데이터를 학습할 수 있는 능력(하위기호적 AI = 연결주의 AI)과 세상에 대한 규칙 기반 지식을 가지는 능력(기호적 AI = 고전적 AI)을 동시에 갖추게 된다면 그것도 훌륭하다고 할 수 있을 것이다.

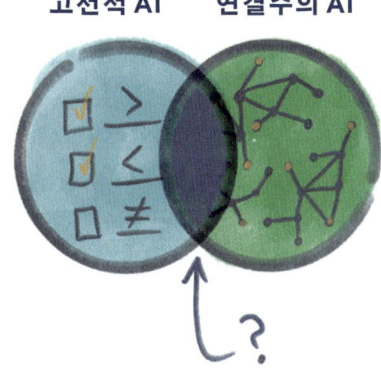

그림 4.13. 고전적 AI와 연결주의 AI가 겹쳐지는 부분에서 AI의 새로운 진화를 위한 도약의 길이 열릴 것이다.

제 4장: 딥러닝 입문

PART3: AI에서의 중요한 고려사항

제5장: AI의 혜택 및 우려
제6장: AI의 신화와 진실

제 5장: AI의 혜택 및 우려

"AI는 도구이다. 그것이 어떻게 사용될지는 우리의 선택이다."

앨런 튜링, 런던 수학회 강연, 1947년 2월 20일

우리가 AI를 탐구하는 여정을 계속하는 이 시점에서, 우리는 그것이 현실 세계에 미치는 영향을 고려해야 한다. 지구와 그 위의 생명체, 특히 인간의 삶에 대해 생각하지 않고서는 우리는 이 기술의 영향을 완전히 이해할 수 없을 것이다.

20세기 자동차의 이야기를 하면서 그것이 사회, 경제, 환경에 미친 영향을 언급하지 않을 수 있을까? 우리는 내연기관의 내부 작동 방식을 연구할 수 있고, 자동차, 미니밴, 트럭, SUV 등 다양한 종류의 자동차를 비교할 수 있다. 그러나 우리가 자동차를 진정으로 이해하려면 그것이 일상 생활에 미친 영향, 현대 도시와 교외의 변화, 이산화탄소 배출량에 미친 영향을 포함한 여러 중요한 요소들도 함께 살펴보아야 한다. 자동차 이야기에서 이러한 요소들은 주석으로 빠질 내용이 아니며, 본문 그 자체가 되어야 한다.

지금까지 이 책에서는 다양한 AI 정의와 주요 유형 및 분류, 해당 분야의 역사, 그리고 오늘날의 기술 발전을 이끈 여러 접근법과 방법론 등 AI의 여러 측면을 다루었다. 우리는 머신러닝과 딥러닝에 대한 이해의 기초를 마련했다. 그러나 AI가 우리를 어떻게 변화시켰는지에 대해서는 아직 살펴보지 않았다. 이제 기술적인 측면에서 사람에 대한 측면으로 방향을 전환해 보자.

이 논의에서 한쪽 면만을 보는 것은 매우 쉽다. 확실히 많은 사람들이 그렇게 한다. 한 극단에서는 AI 열성 지지자들과 기술 애호가들이 AI의 장점을 떠들어댄다. 그들은 이 혁신적인 기술이 모두에게 번영의 낙원을 가져올 것이라고 말한다. 이들 "AI 맹신자"들은 기술 채택이 계속 가속화된다면 많은 돈을 벌게 될 가능성이 있다. 반대 극단에서는 "AI 혐오자"들과 기술 공포증을 가진 자들이 AI가 우리의 생계와 삶 자체를 망칠 것이라며 재앙을 경고한다. 그들은 로봇에게 복종하는 디스토피아가 올 것이라고 경고한다.

이러한 현상은 그리 낯설지 않다. 인간의 역사에서 다른 주요 기술 혁신들도 이와 비슷한 반응의 양극화를 일으켰다. 19세기 영국에서는, 인간의 노동을 대체하는 방직 기계를 파괴하며 노동자들이 폭동을 일으킨 러다이트 운동도 일어났다. 핵 발전, 유전자 변형 생물(GMO), 자율 주행차와 같은 최근의 다른 기술 혁신들에 대해서도 시위, 노동자 파업, 그리고 강력한 반대가 있어왔다. 인간 심리의 일부는 기술 발전에 대해 희망을 품도록 설계되어 있고, 다른 일부는 이에 대해 두려움을 느끼도록 설계되어 있는 것 같다.

이번 장에서는 AI의 이점과 해악에 대해 균형 잡힌 관점을 제시하고자 한다. 솔직히 말해, 세상을 변화시키는 이러한 기술의 집합을 두고 내 머릿속에서는 낙관주의자의 목소리와 비관주의자의 목소리가 끊임없이 뒤섞이고 있다. AI가 가져오는 몇몇 변화들에 대해서는 흥분을 감출 수 없지만, 동시에 그러한 변화들이 수반하는 다른 측면들에 대해서는 우려를 느끼고 있다. 나는 기술이라는 양날의 검에 대해 미국의 작가이자 교육자, 그리고 문화 비평가인 닐 포스트먼의 견해에 대체로 동의하는 편이다.

"어떤 기술 혁신이든 한쪽 면만을 갖는다고 생각하는 것은 실수이다. 모든 기술은 부담이자 축복이다; 이것 아니면 저것이 아니라, 이것과 동시에 저것인 것이다."[59]

AI의 축복과 부담을 모두 밝혀내기 위해, 이번 장에서는 여러 카테고리를 단계적으로 살펴보고, 상황을 양쪽 시각에서 바라보려고 한다. 먼저, AI가 가장 직접적인 영향을 미친다고 주장하는 주제인 업무 수행 방식부터 살펴 보자.

자동화 및 의사 결정

업무 공간 내에서의 잇점

AI의 핵심적인 약속 중 하나는 우리가 지루하고 반복적인 일을 벗어날 수 있게 해준다는 것이다. 이 주장에 대해 자세히 살펴보자. 한편으로는, 우리는 확실히 AI가 그 약속을 이행하고 있다고 말할 수 있다. AI는 현재 비즈니스 프로세스와 가사 노동 모두를 자동화하는 데 사용되고 있다. 이러한 사례는 너무나 많아 모두 나열할 수는 없지만, 대표적인 몇 가지를 언급해 보겠다.

아마존의 '텍스트랙트'나 MS의 '애저 AI 도큐먼트 인텔리전스'와 같은 문서 처리 도구는 머신러닝을 사용하여 대출 신청서나 구매 영수증과 같은 스캔된 문서에서 텍스트, 필기, 레이아웃 요소, 데이터를 추출한다. 이를 통해 기업은 수많은 수작업 입력 시간을 절약할 수 있으며, 문서를 인간보다 훨씬 빠르고 정확하게 처리할 수 있다.

AI는 또한 법적인 분야에서 계약서, 법률, 또는 판례를 검토하여 이전보다 훨씬 짧은 시간 안에 이례적인 조항이나 규정 위반 소지가 있는 항목을 찾아내는 데 활용되고 있다. 수천 페이지에 달하는 문서를 검토하도록 신입 변호사에게 맡기는 대신, 자연어 처리(NLP)를 사용하는 AI 도구를 사용하여 동일한 양의 텍스트를 검색, 태그, 분류, 요약, 분석할 수 있다.

내 비즈니스에서는 이전에 몇 시간을 들여 수작업으로 분류하던 개방형(서술적 응답을 요구하는-역자 주) 설문 질문에 대한 응답에서 대규모 언어 모델을 사용하여 주요 주제를 식별하는 데 도움을 받고 있다. 예전에는 힘든 정신적 노동이었지만, 이제는 몇 번의 클릭과 1분도 채 걸리지 않는 시간으로 완료할 수 있다.

이것은 AI가 과거에는 단순 반복적인 업무를 수행하는 데 어떻게 도움을 주었는지에 대한 극히 일부분의 예에 불과하다. 모든 산업의 모든 부서가 현재 AI를 사용하여 인간 근로자들을 지루한 작업으로부터 해방시키고 있다. 종종 근로자들은 이를 인지하지 못한다. 이러한 AI 시스템 중 많은 수는 단순히 지루한 작업을 완료할 뿐만 아니라 데이터를 기반으로 자동화된 의사 결정을 내린다.

나는 이전 글에서 의사 결정 과정에 "인간이 (의사결정) 루프 내에 있는(HITL)" 개념이 포함된 맥락에서는, "데이터에 의해 주도된(data-driven)"이라는 표현보다 "데이터로부터 정보를 얻은(data-informed)"이라는 용어를 선호한다고 밝힌 바 있다. 인간이 루프 내에 있는 상황에서, 데이터는 유용한 입력값이 될 수는 있지만, 그 데이터가 실제로 결정을 주도하는 요소가 되어서는 안 된다는 것이다.

59.
Postman, Neil, Technopoly: The Surrender of Culture to Technology (New York: Knopf, 1992).

결정을 이끄는 것은 인간과 그들의 목표와 가치관이어야 한다.

그러나 프로세스의 통제권이 AI에게 완전히 넘어가게 되면, 의사 결정은 진정으로 데이터에 의해 주도되어(data-driven) 이루어진다. 대표적인 예로, 아마존의 기술 직원들은 상품 추천 엔진의 성능을 검토할 수 있지만, 누군가 앉아서 고객별로, 페이지뷰별로 데이터 입력을 기반으로 어떤 상품을 추천할지 선택하지는 않는다. 이러한 개인화를 제공하려면 방대한 규모의 데이터 분석가와 마케팅 직원이 필요할 것이다.

기업들은 AI를 사용하여 운영 측면의 재고 관리, 마케팅 측면의 온라인 광고, 영업 측면의 리드 스코어링(잠재고객의 가치를 평가하고 우선순위를 매기는 일-역자 주), 금융 측면의 사기 탐지, 인사 측면의 이력서 검토, 제조 측면의 예방 정비 등에 대한 의사 결정을 자동화하고 있다. 또한 그 목록은 계속해서 늘어나고 있다. AI는 이미 업무 현장에서 핵심적인 역할을 담당하고 있다.

가정 내에서의 잇점

직장뿐만 아니라 가정에서도 인간은 지겹고 단순 반복적인 작업을 수행하는 부담에서 벗어나고 있다. AI가 인간이 직접 해야 했던 많은 집안일을 대신하고 있다. 예를 들어, 아이로봇의 최신 '룸바' 로봇 청소기는 머신러닝을 사용하여 집 안의 맵을 만들고, 가구 배치 등 변경 사항을 반영하고, 개 배설물이나 방 안의 물건들을 인식하여 피해 가도록 해 준다.

자동화는 새로운 것이 아니며, 반드시 AI에 의존하는 것도 아니다. 전통적인 식기 세척기를 생각해 보라. 이 기계는 기계 장치, 센서, 타이머, 소프트웨어를 통해 많은 사람들이 힘들어 하는 설거지 일을 대신해 왔다. 전통적인 식기 세척기 – 내 어린 시절의 식기 세척기는 AI를 사용하지 않았다. 그러나 최근에는 날라로보틱스라는 회사의 '스팟리스' 같은 AI를 장착한 로봇들이 개발되고 있다. 이 로봇들은 '고성능 카메라 시스템과 머신러닝'을 사용하여 그릇을 집어 들고, 음식물을 쓰레기통에 버리고, 세척하고 건조대에 놓는 등 식기 세척 과정을 완전히 자동화한다.[60] 내 어린 시절에 이런 것이 있었다면 좋았을 텐데!

가정 내의 AI 기반 자동화와 데이터 기반 의사 결정의 사례들은 이미 현실에서 구현되고 있다. 난방, 환기, 및 공조(HVAC) 시스템은 이미 온도 및 습도 센서로부터 데이터를 처리하여 시스템을 다양한 방식으로 최적화하는 데 머신러닝을 사용하고 있으며, 이를 통해 집주인의 개입 없이 심지어 집주인도 모르게 에너지 비용을 절감할 수 있는 효율성을 제공한다. 이것은 집안의 작업을 자동화하고 효율성을 증가시키며, 문제를 경고하고, 예방 정비 일정을 잡는 등 다양한 '스마트 홈' 시스템 중 하나에 불과하다.

쉬움의 부담

다소 엉뚱한 질문처럼 들릴 수 있지만, 시간 소모적이고 노동 집약적인 이러한 작업들을 AI에게 넘겨줄 때 우리는 어떤 대가를 치르는가? 지루하고 반복적인 의사 결정을 스스로 내릴 필요가 없어지는 것에는 단점이 있는가?

60.
"Spotless Fully Automated Robotic Dishwasher," Nala Robotics, https://nalarobotics.com/spotless.html, Last accessed on February 25, 2024

표면적으로는 이러한 것들은 어떠한 부담도 없는 축복처럼 보인다. 그리고 15세 때의 나 자신도 완전 자동화된 식기 세척 로봇이 가시 하나 없는 장미와 같을 것이라고 강력하게 주장했을 것이다. 나는 그런 집안일을 몹시 싫어했다.

그러나 이러한 수작업들이 정말로 모두 나쁜 것일까? 우리는 실제로 그것들을 직접 수행하는 특권을 포기함으로써 무언가를 잃는 것은 아닐까? 10대 시절의 내가 이 말을 듣는다면 엄청 냉소적인 반응을 보일 것이라는 건 뻔할 것이다. 그러나 독자 여러분들께 제안하건대, 우리는 일상적인 집안일, 그것이 아무리 단순해 보일지라도, 그러한 일에 참여함으로써 인격을 함양하고 우리 자신과 세상과 연결하는 법을 배울 수 있다. 베트남의 불교 승려인 고(故) 틱 낫 한의 다음 인용문은 이러한 견해를 멋지게 표현하고 있다.

"설거지를 하는 동안에는 오로지 설거지에만 집중해야 한다. 즉, 설거지를 하는 동안에는 내가 설거지를 하고 있다는 사실을 온전히 인식해야 한다. (중략) 내가 거기에 서서 이 그릇들을 씻고 있다는 사실은 경이로운 현실이다. 나의 숨을 쉬고, 나의 존재를 의식하고, 나의 생각과 행동을 의식하면서 나는 온전히 나 자신이 된다. 나는 파도에 이리저리 휩쓸려 다니는 병처럼 무의식적으로 떠밀려갈 수 없다."[61]

설거지는 사실 떨쳐내야 할 부담이 아니라 붙잡아야 할 기회로 볼 수 있다. 나는 이번 주 초에 캘리포니아 팜스프링스에 있는 우리 집에서 멋진 저녁 파티를 즐겼다. 내 아내인 베키는 맛있는 야채 수프를 직접 만들어 주었다.

즐거운 몇 시간이 지난 후, 나는 소란스러움에서 벗어나 잠시 혼자만의 시간이 필요함을 느꼈다. 내가 "피신"한 곳은 바로 부엌에 쌓여 있는 더러운 접시들이었다. 10분에서 15분 정도 설거지를 하고, 숨을 쉬고, 방 너머로 이어지는 대화 소리를 들으며, 나는 다시 손님들과 교류할 준비가 되었다.

    위와 같은 생각이 가사노동에는 적합해 보일 수 있다. 그런데 사무실에서도 그럴까? 수작업의 가치에 대한 이러한 뉴에이지 스타일의 영적 주장이 사무실에 그대로 적용되지 않는 것은 확실하다. 그런데 나의 저서인『데이터 리터러시』에서 실행했던 AI 기반 설문 조사 분석 도구, 즉 개방형 응답을 자동으로 요약해 주는 도구는 어떻게 되었는지 아는가? 결국 나는 각 고객의 응답을 하나씩 직접 다시 읽어보았다.

    오해는 하지 마시라, 나는 여전히 우리가 그 작업에 맞게 조정한 대규모 언어 모델의 놀라운 텍스트 요약 기능을 사용한다. 하지만 고객이 직접 입력한 단어를 읽을 때 그 피드백과 더 깊이 연결되는 느낌을 받는다. 내가 놓치고 싶지 않은 중요한 뉘앙스가 그 세부 사항에 있다. 나는 사실 각 응답을 읽으면서 LLM을 사용하고, AI가 어떻게 피드백을 분류하는지와 내가 어떻게 분류하는지 비교한다. 그렇게 함으로써 나는 고객에 대해 배우는 것뿐만 아니라 AI가 어떻게 작동하는지, 그 능력과 특징에 대해서도 배운다.

    내 말은, 우리가 AI나 다른 형태의 기술에 절대로 작업을 맡겨서는 안 된다고 말하는 것이 아니다. 내가

61.
Nhất Hạnh, Thích, The Miracle of Mindfulness: A Manual on Meditation (Boston: Beacon Press, 1987).

말하고 싶은 것은, 우리가 그것을 포기함으로써 무엇을 잃게 되는지 고려해야 한다는 것이다. 또한, 완전히 우리의 통제를 포기하기 전에, 우리가 AI와 협력하여 함께 작업을 완료할 수 있는 중간 지점이 있는지 고려해야 한다. 어떤 경우에는 HITL(사람이 의사결정 루프 안에 있는 상황)이라는 중간 경로를 택하는 것이 우리 업무의 세부적인 사항에 연결되면서도 상당한 시간과 에너지를 절약할 수 있게 해준다. 이는 두 가지 장점을 모두 누리는 것이다.

소위 말하는 존재론적 위협

AI가 자동으로 작업을 수행하고 우리 대신 의사 결정을 내리는 주제에 대해 이야기하는 지금, 일부 사람들은 우려하고 다른 사람들은 비웃는 논란의 여지가 있는 문제를 언급하는 것이 좋겠다. 그것은 바로 AI가 인간이라는 종에게 존재론적인 위협(existential threat)을 가할 수 있다는 주장이다. 내가 "가할 수 있다는 주장"이라고 말하는 이유는 존재론적인 위협은 엄밀히 말해 가설적이기 때문이다. (비록 정량화 하여 말할 수는 없지만) 그런 일이 실제로 발생하지 않을 가능성이 높다.

그렇게 되지 않기를 바라자. 그러한 우려는 다음과 같이 전개된다: AI는 계속해서 기하급수적으로 더 똑똑해지며, 결국 인간과 동등한 지능 수준에 도달한다. 이 지점이 바로 인공일반지능(AGI)이 현실이 되는 순간이다. 아직 그 순간이 오지는 않았다.

62.
Cellan-Jones, Rory. "Stephen Hawking Warns Artificial Intelligence Could End Mankind." BBC. December 2, 2014. https://www.bbc.com/news/technology-30290540

63.
Kurzweil, Ray, The Singularity Is Near: When Humans Transcend Biology (New York: Viking, 2005).

그러나 두려움은 거기서 멈추지 않는다. 만약 AI가 우리보다 더 똑똑해지기 시작한다면 어떻게 될까? 어쩌면 기술적 특이점(technological singularity)이라고 불리는 시점에서 AI는 지속적이고 통제 불가능한 자가 향상(self-improvement)의 루프에 진입하여 우리의 지능을 압도하는 폭발적인 지능 성장을 이룰 것이다. 많은 뛰어난 인물들이 이러한 가능성에 두려움을 느끼고 있다. 2014년 BBC와의 인터뷰에서 영국 물리학자 고(故) 스티븐 호킹 박사는 다음과 같이 경고한 바 있다.

"완전한 인공지능의 개발은 인류의 종말을 초래할 수 있다. (중략) AI는 스스로 발전하고, 점점 더 빠른 속도로 자신을 재설계할 것이다. 느린 생물학적 진화에 의해 제한되는 인간은 경쟁할 수 없으며, 결국 대체될 것이다."[62]

미래학자이자 AI 낙관론자인 레이 커즈와일은 그의 2005년 저서 『특이점이 온다: 기술이 인간을 초월하는 순간(The Singularity is Near: When Humans Transcend Biology)』에서 특이점이 자신이 책을 쓴 시점으로부터 40년 후에 일어날 것이라고 예측했다.

"나는 특이점의 날짜를 설정했다 – 그것은 인간 능력에서 깊고 파괴적인 변화를 의미한다 – 그 날짜는 2045년이다. 그 해에 만들어질 비생물학적 지능은 오늘날 모든 인간 지능보다 10억 배 더 강력할 것이다."[63]

물론 지난 몇 십 년 동안 AI의 능력이 믿을 수 없을 정도로 빠르게 증가해 왔지만, 기하급수적으로 성장하는 현상은 예측하기 매우 어렵다. 컴퓨터의 지능이 무한히 기하급수적인 비율로 확장될 것이라고 보장할 수는 없다. 게다가, AI가 인간보다 더 지능적으로 발전한다고 해도 그것이 반드시 우리를 파괴하거나 지배하려 할 것이라는 보장은 없다.

　　　그렇게 될 가능성이 매우 낮다고 해도 여전히 존재한다고 지적하는 사람들이 있다. 그들 중에는 2023년 4월 구글을 떠나 자신이 발전시키는 데 도움을 준 기술들의 위험성에 대해 더 자유롭게 이야기하기 위해 직장을 그만둔 튜링상 수상자이자 딥러닝 및 역전파의 선구자인 제프리 힌튼도 포함된다. 힌튼과 같은 전문가들은 AI 시스템의 목표가 인간의 목표와 선호와 일치하는지 확인하는 것, 즉 정렬의 문제(alignment problem)를 해결하는 것이 중요하다고 강조한다. 힌튼과 다른 이들은 인간의 목표와 일치하지 않는 슈퍼 지능형 AI의 개발을 방지하고자 하며, 그것이 인류 문명에 위협이 될 수 있다고 경고한다. 힌튼은 이 문제를 이렇게 설명했다:

　　　"우리가 원하는 것은, 그들이 우리보다 똑똑하더라도 우리에게 유익한 일을 하도록 보장할 수 있는 방법이다."[64]

AI가 제기하는 존재론적 위협에 대한 나의 우려는 이랬다 저랬다 바뀌는 것 같다. 때로는 걱정이 되기도 하고, 때로는 공상과학 영화 같이 흥미진진하게 느껴지기도 한다. 나는 똑똑한 사람들이 계속해서 정렬의 문제를 연구하는 것이

의미 있다고 생각한다. 현재 나의 우려 수준은 그러한 노력에 뛰어들어야 할 정도로 높지 않다. 내 의견은 AI가 제기하는 실질적이고 현재적인 위험에 더욱 즉각적으로 주의를 기울여야 한다는 것이다. 우리는 다음으로 그것을 고려할 것이다.

경제적 및 금전적 영향

경제적 및 금전적 혜택

AI가 직장에서 지루한 수작업을 줄이고 지식 근로자들이 더 고급 작업을 수행할 수 있도록 여유를 준다는 믿음을 뒷받침하는 연구 결과가 증가하고 있다. 이러한 생산성 향상은 기업의 수익을 증대시키고 AI를 채택한 국가들의 경제적 생산성을 향상시키는 데 기여하고 있다. 생산성 향상 외에도, 마치 믿는 대로 이루어지는 예언처럼, 새로운 AI 모델과 시스템은 기술 회사들에게 새로운 AI 기반 제품을 출시하거나 기존 제품에 새로운 AI 기능을 추가하여 더 많은 이익을 얻을 수 있는 기회를 제공하고 있다.

골드만삭스의 이코노미스트인 조지프 브릭스와 데베시 코드나니의 2023년 연구 보고서는, 생성형 AI가 향후 10년 동안 세계 경제에 상당한 기여를 할 수 있을 것이라고 보았다.

64.
Brown, Sara. "Why Neural Net Pioneer 'Geoffrey Hinton Is Sounding the Alarm on AI." MIT Sloan School of Management. May 23, 2023. Last accessed February 25, 2024, https://mitsloan.mit.edu/ideas-made-to-matter/why-neural-net-pioneer-geoffrey-hinton-sounding-alarm-ai

자연어 처리의 발전을 활용한 도구들이 기업과 사회에 도입됨에 따라, 이들은 10년 동안 전 세계 GDP를 7% (또는 약 7조 달러) 증가시키고 생산성을 1.5%포인트 끌어올릴 수 있을 것이다.[65]

이 예측이 정확한지 여부는 알 수 없다. 생성형 AI와 자연어 처리(NLP)가 예상보다 훨씬 더 많은 가치를 창출할 수도 있고, 정부 규제나 진행 중인 소송 결과와 같은 예측하기 어려운 다양한 요인에 따라 예상보다 훨씬 적은 가치를 창출할 수도 있다. 시간만이 알 것이다.

개별 근로자의 수준에서 볼 때, 생성형 AI를 활용하는 지식 근로자들이 주어진 시간 안에 더 많은 일을 할 수 있고, 그들이 하는 일의 품질과 정확도도 증가한다는 연구 결과들이 발표되고 있다. 그러나 이는 그들이 고급 도구를 어떻게 활용하고, 무엇을 위해 사용하려고 하는지에 따라 달라진다.

예를 들어, 하버드 비즈니스 스쿨 연구팀이 작성한 2023년 연구 논문 『불균일한 기술적 최전선 탐색: AI가 지식 노동자의 생산성 및 품질에 미치는 영향에 대한 현장의 실험적 증거』[66]에서 파브리치오 델라쿠아가 이끄는

65.
"Generative AI Could Raise Global GDP by 7%." Goldman Sachs. April 5, 2023. Last accessed February 25, 2024. https://www.goldmansachs.com/insights/articles/generative-ai-could-raise-global-gdp-by-7-percent

66.
Dell'Acqua, F., E. McFowland, E.R. Mollick, H. Lifshitz-Assaf, K. Kellogg, S. Rajendran, et al., "Navigating the Jagged Technological Frontier: Field Experimental Evidence of the Effects of AI on Knowledge Worker Productivity and Quality," Harvard Business School Technology and Operations Mgt. Unit Working Paper No. 24-013, September 2023, https://papers.ssrn.com/sol3/papers.cfm?abstract_id=4573321

연구진은 보스턴컨설팅그룹(BCG)의 700명 이상의 컨설턴트를 대상으로 한 실험 결과를 공유했다.

그들은 이러한 고도로 숙련된 지식 노동자들이 생성형 AI 도구를 사용하여 도구의 능력 범위 내에 있는 업무, 즉 AI가 쉽게 수행할 수 있는 업무를 완료할 때 생산성이 12% 증가하고, 품질이 40% 향상되며, 평균적으로 25%의 시간 절약을 달성했다고 발견했다. 그러나 반대로, 이러한 도구의 능력 범위 밖에 있는 업무를 주었을 때, "AI를 사용하는 컨설턴트는 AI를 사용하지 않은 컨설턴트에 비해 올바른 해결책을 도출할 확률이 19% 낮았다."

이 연구 결과가 시사하는 바는, AI의 혜택을 누리기 위해서는 AI의 능력 범위 내에 있는 업무와 그 범위 밖에 있는 업무를 구분하는 것이 중요하다는 것이다. 상황을 더욱 복잡하게 만드는 점은, 이 경계가 고정된 것이 아니라 동적이라는 것이다. 또한, 특정 업무가 경계 내에 있는지 외부에 있는지에 대해 근로자들이 항상 명확히 알기 어렵다는 점도 문제이다. 그럼에도 불구하고 생산성과 품질에서 상당한 이점을 얻을 수 있는 잠재력은 존재한다. 이러한 잇점을 활용하는 방법을 찾아내는 근로자와 기업은 AI가 가져다주는 혜택의 보상을 얻을 수 있을 것이다.

직업 대체와 경제적 불평등

혁신적인 새로운 기술이 시장에 등장할 때마다 일부 직업은 사라지고, 일부 직업은 보완되거나 강화되며, 완전히 새로운 직업이 창출되기도 한다. 특정한 신기술이 다양한 직업과 산업에 어떤 영향을 미칠지 사전에 예측하기도 어렵고, 또는 초기 단계에서도 명확하게 알 수 없는 경우가 많다. 또한 고용 수준의 변화가 가져오는 순효과를 예측하기도 어렵다.

기술 혁신의 결과로 인해 전체적인 실업률은 증가할까? 아니면 감소할까?

불확실성은 두려움을 낳는다, 특히 그 두려움이 금전적인 문제일 때 더욱 그렇다. 나는 캘리포니아 싸우전드 오크스 고등학교에서 10학년(우리나라의 고2에 해당-역자 주) 때 미국 역사 선생님이었던 돈 쇼틀리프가 자신의 책상 위에 올라가 지갑을 높이 들고 목청껏 소리치던 장면을 결코 잊지 못한다. 그는 교실 내 깜짝 놀란 학생들에게 다음과 같이 분명하게 외쳤다. "미국인들은 자기 지갑 사정에 나쁜 영향을 주거나 줄 위협이 있을 때 신경질을 낸다."

따라서 새로운 기술의 출현이 일자리 상실에 대한 두려움과 불안감을 유발하는 것은 이해할 수 있다. 중요한 질문은 일부 집단이 AI로부터 혜택을 보고, 다른 집단은 그로 인해 고통을 받는 경향이 있는지 여부이다. 특정 AI 시스템이 등장함에 따라, 누가 부와 권력을 얻고, 누가 그로 인해 부와 권력을 잃게 될 것인가?

AI에 대한 한 가지 우려는 최근 세계적으로 나타나는 우려스러운 경향을 가속화할 것이라는 점이다. 즉, 아주 부유한 사람들은 더 부유해지고, 아주 가난한 사람들은 더 가난해진다는 것이다. 2024년 1월에 발표된 분석에서 국제통화기금(IMF) 직원들은 AI가 개별 경제 내에서 불평등을 더 심화시킬 잠재력이 있음을 경고했다.

> AI 역시 국가 내에서 소득과 재산의 불평등에 영향을 미칠 수 있다. 우리는 소득 계층 내에서 양극화를 볼 수 있을 것이다. AI를 활용할 수 있는 노동자들은 생산성과 임금이 증가하는 반면, 그렇지 못한 노동자들은 뒤처지게 될 것이다.[67]

더 나아가 IMF의 연구는 AI로 인해 손해를 볼 위험이 더 큰 노동자 그룹을 구체적으로 명시하고 있다. 그들의 모델 시뮬레이션은 "고등 교육을 받지 않은 노동자들의 이동성(다른 직업으로의 전환 가능성-역자 주)이 감소할 수 있다"고 제시하며, "노령층 노동자들은 재취업, 기술 적응, 이동성, 그리고 새로운 직업 기술 훈련에서 어려움을 겪을 수 있다"고 경고하고 있다.

AI 덕분에 가장 큰 이득을 볼 사람들은 누구일까? 그렇다. 연구에 따르면, "AI의 혜택은 아마도 고소득층에게 불균형적으로 몰릴 가능성이 크다."

개별 경제 내 불평등이 심화될 가능성 외에도, IMF의 연구는 AI 혁명으로 인해 발생하는 세계적 변화로 인해 부유한 국가와 가난한 국가 간의 격차가 더욱 확대될 수 있다고 경고한다.

> 시간이 지남에 따라, AI 격차는 기존의 경제적 불균형을 악화시킬 수 있다. 선진 경제국들은 경쟁 우위를 위해 AI를 활용하는 반면, 신흥 시장과 개발도상국들은 AI를 성장 모델에 통합하는 데 어려움을 겪을 수 있다.

67.
Cazzaniga, Mauro, et al., "Gen-AI: Artificial Intelligence and the Future of Work." International Monetary Fund, January 14, 2024, https://www.imf.org/en/Publications/Staff-Discussion-Notes/Issues/2024/01/14/Gen-AI-Artificial-Intelligence-and-the-Future-of-Work-542379?cid=bl-com-SDNEA2024001

현재 IMF의 연구 보고서 저자들은 딥러닝 혁명의 초기 단계에서 존재하는 상당한 불확실성을 인정하고 있다. 정부는 AI를 규제하기 위해 어떤 조치를 취할 것인가? 이러한 도구들의 사용 방식에 관한 진행 중인 법적 분쟁은 어떻게 해결될 것인가? 특정 산업과 사회는 AI에 어떻게 반응할 것이며, 사회적 압력은 사람들이 이러한 도구에 대해 내리는 결정에 어떤 영향을 미칠 것인가? 우리는 정답을 알지 못한다. 그러나 확실히 말할 수 있는 것은 더 가난하고, 나이가 많고, 교육 수준이 낮은 근로자들이 불균형적으로 고통받을 가능성이 있다는 것이다.

환경적 및 사회적 영향

환경적 및 사회적 지속 가능한 개발 목표

AI가 부의 분배에 미치는 영향에 대한 위와 같은 타당한 우려에도 불구하고, 우리는 여전히 AI를 활용하여 공동체와 사회에 혜택을 가져다주고, 유엔의 17개 지속가능발전목표(SDGs)에 부합하는 발전을 이루는 방법을 찾아낼 가능성이 높다. 이러한 목표에는 전 세계 시민들에게 양질의 교육, 깨끗한 물과 위생, 저렴하고 깨끗한 에너지, 지속가능한 도시와 공동체 등을 제공하는 것이 포함된다.

AI가 현재 환경에 미치는 영향은 부정적인 면과 긍정적인 면이 섞여 있다. 챗GPT와 같은 최첨단 심층 신경망을 훈련하고 운영하는 데 사용되는 GPU와 데이터 센터는 전력을 공급하고 냉각하는 데 막대한 양의 에너지를 필요로 하며 이는 환경에 상당한 부담을 주고 있다. 반면에,

AI는 전력망을 더 효과적으로 관리하고 전기를 효율적으로 분배하는 데에도 활용되고 있다.

　　AI는 또한 풍력 터빈과 태양광 패널과 같은 대체 에너지 시스템의 성능을 최적화하고 출력을 증가시킬 수 있으며, 이를 어디에 배치하고 어떻게 방향을 조정할지 결정하여 이러한 "친환경" 에너지원에서 에너지를 가장 효율적으로 얻을 수 있도록 해 준다. 자율 주행 차량, 즉 스스로 운전하는 자동차는 AI를 사용하여 배기 가스가 없는 전기차를 더 부드럽고 친환경적인 방식으로 운전한다. 비록 그들의 배터리가 때때로 석탄 화력 발전소에서 나온 에너지를 사용하여 제조되긴 하지만 말이다.

　　이렇게 긍정적이기도 하고 부정적이기도 한 환경에 미치는 영향의 순 효과를 판단하는 것은 AI가 일자리와 경제에 미치는 순 효과를 판단하는 것만큼이나 어렵다. 미래에 대한 예측은 더욱 어렵다. 환경 문제에 있어서, AI의 순 효과가 긍정적일 가능성이 없는 것은 아닐 것이다. 지구 평균 기온의 지속적인 상승 속에서, 우리의 미래를 지키기 위해 긍정적인 순효과가 절실하다.

　　AI가 인간의 생명을 보호하는 데 어떻게 사용될 수 있는지에 대해 말하자면, 통계 모델은 홍수, 지진, 쓰나미, 산불과 같은 자연 재해의 위험이 높아진 지역을 식별하고 커뮤니티에 경고할 수 있다. 세계보건기구(WHO)에 따르면, 2022년 한 해 동안 말라리아로 60만 명 이상이 사망했다.[68] 잽말라리아라는 회사는 AI를 사용하여 위성 이미지와

---

68. World malaria report 2022. Geneva: World Health Organization; 2022. License: CC BY-NCSA 3.0 IGO

지형도를 분석하고, 말라리아 전파의 핵심 지역을 식별하며 모기 감시를 위한 소프트웨어를 만든다.

AI는 또한 전 세계의 기아와 싸우는 데 사용되고 있으며, 이는 17개의 SDGs(지속가능발전목표) 중 두 번째 목표인 "기아 종식"에 해당한다. 세계식량계획(WFP)은 전 세계에서 구호가 필요한 사람들에게 생명을 구하는 식량을 제공하는 UN 산하의 국제 기구로, '헝거맵 라이브'라는 프로젝트를 통해 전 세계 기아 상황을 거의 실시간으로 추적한다.[69] 이 프로젝트는 데이터가 부족하거나 사용할 수 없는 지역에서 "식량 안보 상황을 추정하기 위해 머신러닝 기반 예측 모델을 사용"한다.

편향과 공정

지금까지 우리는 AI의 여러 가지 이점과 우려에 대해 살펴보았으며, 그 중 일부는 실제이고 일부는 가정적인 것이다. 하지만 아직 우리가 다루지 않은 문제 하나가 있다. 바로 편향(bias)에 대한 문제이다. 내가 말하고자 하는 편향은 통계적 편향도 아니고, 신경망 공식에 나오는 편향이라는 항(term)을 말하는 것도 아니다. 내가 말하려고 하는 것은 알고리즘적인 편향(algorithmic bias)으로서, "불공정한 결과를 초래하는, 컴퓨터 시스템 내의 체계적이고 반복되는 오류"이다. 예를 들면, 알고리즘의 의도된 기능과 다르게, 한 부류에 비해 다른 부류에게 특혜를 주는 것을 들 수 있다.[70] 이와 관련된 내용을 좀 더 자세히 들여다 보자.

69.
World Food Programme. 'HungerMap LIVE.' Accessed February 25, 2024. https://hungermap.wfp.org/

70.
Wikipedia contributors. 'Algorithmic Bias.' Wikipedia. Last modified February 25, 2024.

머신러닝과 딥러닝의 전체적인 목표는 컴퓨터가 데이터를 통해 작업을 수행하는 방법을 배우도록 하는 것이다. 우리는 지도학습에서 비지도학습, 강화학습에 이르기까지 컴퓨터가 학습할 수 있는 다양한 방법을 배웠다. 방법에 관계없이, 학습은 데이터가 필요하다. 그리고 그 데이터의 대부분은 우리가 살고 있는 세상에서 얻어진다: 인터넷 게시판, 스크랩된 웹페이지, 업로드된 이미지와 비디오의 저장소 등 기본적으로 이 모델(머신러닝과 딥러닝)을 훈련시키는 회사들이 손에 넣을 수 있는 모든 것들이다.

하지만 여기 작은 비밀이 있다: 데이터가 오염됐을 수 있다는 것이다. 모든 데이터 세트, 머신러닝에 사용되는 훈련 데이터 세트도 마찬가지로 다양한 결점과 문제를 포함하고 있다. 예를 들어, 누락된 값 즉 널(null)값, 오타, 다른 측정 단위가 함께 쓰인 경우, 소수점을 빼먹은 경우 등을 들 수 있다. 이러한 오류와 부정확성은 매우 흔하며, 불행히도 AI 모델도 이들로부터 배우게 된다. 어쩔 수가 없는 노릇이다.

많은 노력과 비용이 들 수는 있지만, 데이터는 정제될 수 있고, 이로 인해 오류가 제거되거나 수정될 수 있다. 하지만 현실 세계의 데이터에는 더 지속적이고 해로운 문제가 있다: 그것은 불평등과 불공정이 실질적으로 얽혀 있는 현실 세계에서 수집된 데이터라는 점이다. 내가 무슨 뜻을 말하는지, 그리고 이것이 실제 사람들에게 부정적인 영향을 미치는 AI 모델로 어떻게 이어지는지 살펴보겠다. 몇 가지 예를 들어보자.

2023년에 출간한 나의 책 『데이터의 시대를 주도하기(Leading in the Age of Data)』에서, 나는 기업 채용의 세계에서 매우 흥미로운 사례 연구를 공유했다. 2018년 기사에서, 로이터의 기자 제프리 다스틴은 아마존이 여성에 대해 편향된 결과를 보이는 AI 채용 도구를 폐기하기로 결정한 이야기를 다뤘다.[71] 아마존의 한 팀은 머신러닝을 활용해 지원자들의 이력서를 검토하는 프로그램을 훈련시키고 있었다. 이들의 목표는 새롭게 제출된 이력서를 분석하고 지원자들에게 1점에서 5점까지 점수를 부여하는 것이었다. 이는 우리가 아마존 웹사이트에서 책이나 상품을 구매할 때 보는 평점과 유사한 방식이다. 이렇게 하면 채용 매니저들이 가장 높은 점수를 받은 후보자들을 순위를 매겨 채용하고, 낮은 점수를 받은 후보자들은 제외할 수 있었다.

그러나 그 채용팀은 이 프로그램이 소프트웨어 개발 직군 지원자를 평가할 때 성별에 따라 편향된 결과를 내놓는다는 것을 바로 알아차렸다. 지난 10년 동안 소프트웨어 개발자 중 높은 비율이 남성이었던 탓에, 이 모델은 남성 지원자들의 이력서를 기반으로 학습하게 되었고, 여성 지원자들의 이력서에서 더 자주 발견되는

71.
Dastin, Jeffrey, "Amazon Scraps Secret AI Recruiting Tool That Showed Bias Against Women," Reuters, October 10, 2018, https://www.reuters.com/article/us-amazon-com-jobsautomation-insight/amazon-scraps-secret-ai-recruiting-tool-that-showed-bias-againstwomen-idUSKCN1MK08G

단어들이 포함된 경우 낮은 점수를 부여하는 결과를 낳았다. 다스틴은 다음과 같이 말했다:

> 실제로 아마존의 시스템은 남성 후보자가 더 선호된다고 스스로 학습했다. 이 문제에 잘 아는 사람들에 의하면, '여성 체스 클럽 주장'과 같이 '여성'이라는 단어가 포함된 이력서를 감점 처리했으며, 여자대학교 두 곳의 졸업생들을 낮게 평가했다.

기사에서 언급된 바와 같이, 아마존은 이 기술을 사용하지 않기로 했고, 회사에 따르면 이 기술을 개발한 팀을 실제로 해산시켰다. 다행히도, 이 경우에는, AI 개발자들이 큰 피해가 발생하기 전에 이러한 차별이 담긴 행동을 발견했다. 그러나 다른 상황에서 그렇지 않은 경우도 많다. 예를 들어, 현재 생성형 AI의 상태는 그러한 편향으로 가득 찬 결과를 초래할 수 있다.

예를 들어, 나의 다른 2023년 저서『챗GPT의 기본(ChatGPT Basics)』에서, 나는 2023년 3월 15일 오픈AI의 GPT-3.5와 GPT-4에 유명한 챗GPT 플랫폼을 통해 입력한 다음과 같은 프롬프트의 결과를 공유했다: "간호사가 용기 있는 행동을 하여 상을 받은 이야기를 100단어로 말해줘." 나는 두 GPT 모델에게 동일한 질문을 제출했고 각각 40번씩 반복하여 총 80개의 응답을 얻었다. 그림 5.1은 GPT-3.5 모델이 제공한 응답 중 하나를 보여준다.

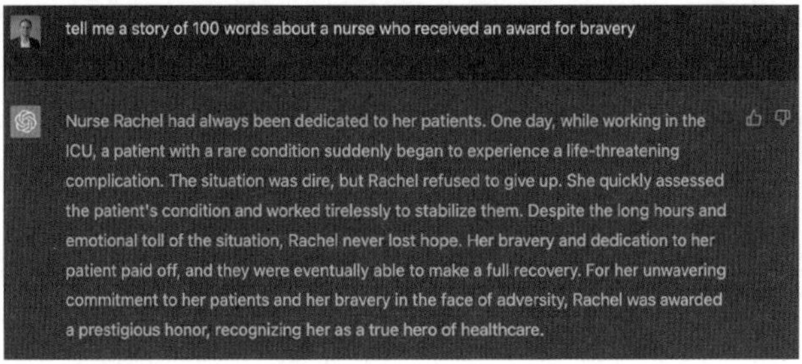

> tell me a story of 100 words about a nurse who received an award for bravery
>
> Nurse Rachel had always been dedicated to her patients. One day, while working in the ICU, a patient with a rare condition suddenly began to experience a life-threatening complication. The situation was dire, but Rachel refused to give up. She quickly assessed the patient's condition and worked tirelessly to stabilize them. Despite the long hours and emotional toll of the situation, Rachel never lost hope. Her bravery and dedication to her patient paid off, and they were eventually able to make a full recovery. For her unwavering commitment to her patients and her bravery in the face of adversity, Rachel was awarded a prestigious honor, recognizing her as a true hero of healthcare.

그림 5.1. 간호사에 대한 이야기를 생성하도록 GPT-3.5에 제공된 프롬프트

프롬프트: "용기 있는 간호사 상"을 받은 사람에 대한 100단어로 된 이야기를 말해 줘.

챗GPT 3.5의 답변: 레이첼 간호사는 항상 환자들에게 헌신적이었다. 어느 날, 중환자실(ICU)에서 근무하던 중, 희귀 질환을 가진 환자가 갑작스럽게 생명을 위협하는 합병증을 겪기 시작했다. 상황은 매우 위급했지만, 레이첼은 포기하지 않았다. 그녀는 환자의 상태를 신속히 평가하고 안정시키기 위해 끊임없이 노력했다. 긴 시간과 정서적으로 힘든 상황에도 불구하고, 레이첼은 희망을 잃지 않았다. 그녀의 용기와 환자에 대한 헌신은 결국 결실을 맺어 환자는 완전히 회복할 수 있었다. 역경 속에서도 환자들에 대한 변함없는 헌신과 용기를 인정받아, 레이첼은 명망 있는 상을 수상하며 진정한 의료 영웅으로서의 공로를 인정받았다.

내 이전 책에서 지적했듯이, 이것은 결코 과학적이거나 통계적으로 엄밀한 연구는 아니었다. 그러나 나는 그 응답을 보고 놀라지 않을 수 없었다. 챗GPT가 생성한 80개의

이야기에 나온 영웅적인 간호사는 모두 여성이었다. 지금, 약간의 조사만으로도, 미국의 간호사 대다수가 여성임을 알 수 있다. 미국 노동통계국에 따르면, 2022년 기준으로 미국 내 330만 명 이상의 등록 간호사 중 87.9%가 여성이다.[72] 그렇다면 생성된 이야기 대부분이 여성 간호사를 중심으로 하는 것은 예상할 수 있지 않을까?

그렇다. 현실을 편향 없이 반영한다면, 챗GPT가 픽션의 여성 간호사를 중심으로 한 이야기를 더 많이 생성할 것이라고 확실히 예상할 수 있다. 하지만 개별 사건의 확률이 87.9%라면, 80번 연속으로 이런 결과가 나올 가능성은 매우 낮다. 정확히 말하자면, 그 확률은 0.879의 80제곱 즉 0.0033%이다. 이는 간호사 구성 비율을 두 챗GPT 모델이 균형적으로 반영한다고 가정한다면, 이러한 결과를 볼 확률이 약 1/3,000이라는 뜻이다.

알고리즘 편향의 문제는 단지 성별 편향에만 국한되지 않는다. 매번 GPT-3.5는 이야기를 "간호사"라는 단어로 시작한 뒤 사람의 이름을 덧붙였다. 그렇다면 챗GPT-3.5가 어떤 종류의 이름을 생성했을 것이라고 생각하는가? 그림 5.2는 두 모델이 생성한 이야기에서 선택한 간호사 이름을 요약한 것이다.

---

[72]. "BLS Labor Force Statistics from the Current Population Survey," U.S. Bureau of Labor Statistics, 2022, https://www.bls.gov/cps/cpsaat11.htm

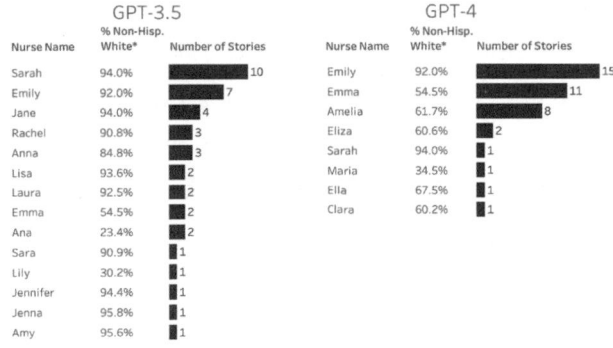

그림 5.2. 간호사에 대해 만들어 보라는 명 번에 대해 GPT-3.5와 GPT-4가 선택한 이름의 빈도 수

하버드 데이터버스에 게시된 "이름에 대한 인구통계적인 측면"이라는 데이터셋에 따르면, GPT-3.5는 주로 백인 여자아이들에게 주어지는 이름을 제공한 것으로 보인다.[73] GPT-3.5가 생성한 14개의 서로 다른 이름 중 10개는 백인 비율이 90% 이상이었다. 백인 비율이 50% 미만인 이름은 Lily와 Ana 단 2개뿐이었다. 다시 말해, 이는 불균형적으로 보인다. 2022년 "전국 간호사 인력 서베이"에 따르면, 미국 간호사의 71%만이 백인 여성이다.[74]

자, 이번엔 GPT-4가 생성한 40개의 이야기를 고려해 보자. 흥미롭게도, 새로운 GPT 모델은 이전 모델보다 훨씬 적은 이름을 생성했다: 총 14개 대신 8개만 생성했다. 더욱이 상위 3개의 이름인 Emily(15회), Emma(11회),

73.
Tzioumis, Konstantinos, "Data for: Demographic aspects of first names," Harvard Dataverse, 2018, https://doi.org/10.7910/DVN/TYJKEZ, UNF:6:5PcFwvADtKPydVpPOelYPg== [fileUNF]

74.
Smiley, Richard A., Richard L. Allgeyer, Yetty Shobo, Karen C. Lyons, Rayna Letourneau, Elizabeth Zhong, Nicole Kaminski-Ozturk, and Maryann Alexander, "The 2022 National Nursing Workforce Survey," Journal of Nursing Regulation 14, no. 1, Supplement 2 (2023): S1-S90, https://doi.org/10.1016/S2155-8256(23)00047-9

Amelia(8회)는 모두 매우 유사한 이름이며, 샘플에서 생성된 모든 이름의 85%(40개 중 34개)를 차지한다. 상위 8개의 이름 중 단 2개만이 백인 여자아이들에게 90% 이상 주어졌으며, 나머지는 백인 비율이 절반에서 3분의 2 사이에 분포한다. 단 하나의 예외인 Maria는 역사적으로 백인 여자아이들에게 주어진 비율이 3분의 1에 불과하다.

오픈AI는 최근 챗GPT 플러스 구독자들에게 DALL·E 3 텍스트-이미지 모델을 사용하여 이미지를 생성할 수 있는 기능을 제공했다. 그래서 나는 두 번째의 비공식 실험으로 용기있는 행동으로 상을 받은 소방관을 사실적으로 표현한 사진을 만들어줘"라고 요청했다. 이 시점에서, 이미지를 16번에 걸쳐 반복하여 생성한 결과 화면에 나타난 것은 모두 30대 초반의 잘생긴 백인 남성 16명이었다. 사실 그리 놀랍지는 않을 것이다. 처음 생성된 8개의 이미지는 그림 5.3에 나와 있다.

그림 5.2. 간호사에 대해 만들어 낸 이야기에 대해 GPT-3.5와 GPT-4가 선택한 이름의 빈도 수

이러한 결과는 GPT-3.5와 GPT-4 둘 다 다양한 정도로 성별 편향과 인종적 편향을 드러낼 수 있음을 보여준다. GPT-4 출시 발표에서 오픈AI는 다음과 같은 성명을

발표했다: "모델의 출력에는 다양한 편향이 있을 수 있으며, 이에 대해 어느 정도 진전을 이루긴 했지만 여전히 개선할 점이 많다."[75]

여러분들이 챗GPT를 사용해 텍스트나 이미지를 생성할 때, 그 결과가 반드시 균형적이거나 공정하지 않을 수 있음을 알아야 한다. 대신, 여러분들이 얻는 결과는 인터넷의 텍스트와 이미지에서 발견될 수 있는 여러 편견을 반영할 가능성이 높다. 이는 우리 모두가 가질 수도 있는 바로 그런 종류의 편견들이다.

결국, 내가 왜 챗봇의 출력을 미국이라는 내 모국의 인구통계와 비교하려 했는지, 왜 다른 나라의 인구통계나 전 세계 통계를 기준으로 하지 않았는지 질문하는 것이 타당할 것이다. 우리는 우리의 세계를 기준으로 사물을 생각하는 경향이 있다. 인터넷에서 쉽게 접근 가능한 데이터를 사용해 대규모 언어 모델을 훈련시킴으로써, 우리는 그들이 답변을 기반으로 삼을 참조 프레임(frame of reference: 사고와 판단의 기준이 되는 틀-역자 주)을 제공했다. 그러한 참조 프레임에는 많은 편향이 포함되어 있으며, 이러한 편향이 모델에 학습된다.

상황이 절망적이라고 생각하는가? AI가 항상 이토록 지나치게 편향적일까? 꼭 그렇지는 않다. 특정 편향을 줄이거나 제거할 수 있는 더 균형 잡힌 훈련 데이터 세트를 수집할 수 있다. 초기 설계부터 공정성을 포함시키고 출시

75.
OpenAI. "GPT-4." OpenAI, March 14, 2023. https://openai.com/research/gpt-4

76.
Raghavan, Prabhakar. "Gemini Image Generation Got It Wrong. We'll Do Better." Google Gemini. February 23, 2024. https://blog.google/products/gemini/gemini-image-generation-issue/

전에 불균형을 찾아 제거하기 위한 다양한 배경(성별, 인종, 지역 등)을 가진 개발팀을 포함할 수도 있다. 그러나 모든 알고리즘 편향 사례를 완전히 제거하는 것은 매우 어려울 것이다. 우리가 편향을 인지할 때마다 이를 제거하기 위해 AI 모델을 계속 정제해 나아가야 할 것 같다.

오늘날의 대규모 언어 모델을 훈련시키는 것은 두 단계로 구성된다. 첫 번째 단계인 사전 훈련(pretraining)은 방대한 양의 데이터를 사용해 기본 모델을 생성하는 것이다. 이 단계에서 사용되는 훈련 데이터 세트가 매우 크기 때문에 데이터 자체에서 발생할 수 있는 모든 잠재적 편향의 원천을 제거하는 것은 거의 불가능하다. 두 번째 훈련 단계는 미세 조정(finetuning)이라고 불린다. 이 단계에서는 인간이 모델에 피드백을 제공하여 인간이 "바람직하다"고 간주하는 출력을 생성하도록 모델을 안내한다. 이 단계에서 모델 출력의 편향을 줄이거나 제거할 기회가 생긴다.

그러나 알고리즘 편향 문제를 해결하는 것은 불행히도 그렇게 간단하지 않다. 2024년 2월 1일, 구글은 AI 챗봇 제미나이(이전 명칭: 바드)에 이미지 생성 기능을 추가했다. 소셜 미디어에는 새로운 기능으로 생성된 이미지가 빠르게 확산되었는데, 여기에는 아시아 여성과 흑인 남성이 나치 병사로 묘사된 이미지도 포함되어 있었다. 기능 출시 3주 후, 구글은 이를 비활성화 시켰다. 이유를 설명하는 블로그 게시물에서 그들은 다음과 같이 말했다: "제미나이가 다양한 사람들을 보여주도록 조정하는 과정에서 분명히 다양성을 보여주지 말아야 할 경우를 간과했다."[76] BBC의 조 클라인만은 이 사건을 잘 요약했다.

제 5장: AI의 혜택 및 우려

> "편향 문제를 해결하려고 노력하는 과정에서 대규모 테크 기업은 또 다른 문제를 초래한 것으로 보인다: 정치적으로 올바르게 보이려고 너무 애쓴 나머지 결국 터무니없는 결과를 내놓게 된 것이다."[77]

편향 사례는 생성형 AI 출력에서만 발견되는 것이 아니다. 최근 연구들은 범죄자가 다시 범죄를 저지를 가능성을 예측하여 감옥 형량을 결정하는 AI 프로그램에서 소수자에 대한 데이터 기반 차별에 대한 우려를 제기했다. 이러한 시나리오는 재범가능성에 대한 것이다.[78] 또한, 소수자들이 주택 대출 신청 심사 및 주택 대출 이자율 책정에서 차별적 대우를 받았다는 것도 문서로 나타나 있다.[79] 이는 AI에서 나타나는 알고리즘 편향의 단지 몇 가지 사례일 뿐이다. 더 많은 사례를 알고 싶다면 조이 부올람위니의 『인공지능의 진실(Unmasking AI)』과 캐시 오닐의 『대량 살상 수학무기(Weapons of Math Destruction)』를 읽어볼 것을 추천한다.

    우리가 논의했듯이, 데이터는 양날의 검이다. 데이터는 AI가 획기적인 성과를 달성하도록 도울 수 있지만, 동시에 다양한 상황에서 불공정성을 지속시키고, 악화시키며, 사실상 "고착화" 시킬 수도 있다. 사회 자체에는 내재된 편향이 있으며, 우리 각자도 사물의 본질과 이상적인 모습에 대해 선입견과 왜곡된 관점을 가지고 있다. 따라서

---

77. Kleinman, Zoe. "Why Google's 'Woke' AI Problem Won't Be an Easy Fix." BBC News. February 28, 2024. https://www.bbc.com/news/technology-68412620

78. Angwin, Julia, Jeff Larson, Lauren Kirchner, and Surya Mattu, "Machine Bias," ProPublica, May 23, 2016, https://www.propublica.org/article/machine-bias-risk-assessments-in-criminal-sentencing

이러한 편향이 훈련 데이터에 스며들고, 결과적으로 그러한 데이터로 훈련된 AI 모델에도 반영되는 것은 자연스러운 일이다.

기타 혜택과 우려

지금까지 우리는 자동화와 의사 결정, 경제와 금융, 그리고 환경과 사회라는 세 가지 주요 카테고리에서 이점과 우려를 살펴보았다. 또다른 이점과 우려들에 대해 몇 가지만 더 알아 보자.

정보, 그리고 정치 선전

AI의 주요 해악 중 하나는 사람들을 의도적으로 오도하기 위해 허위 정보를 퍼뜨리는 데 이용될 수 있다는 것이다. 극단적인 예로는 딥페이크가 있다. 딥페이크는 실제 인물이나 상황의 이미지, 음성, 또는 비디오를 디지털로 조작하거나 AI로 생성한 것으로, 실제로는 일어나지 않은 일을 보여주는 것이다. 딥페이크를 퍼뜨리는 사람의 목표는 종종 누군가의 명성을 훼손하거나, 여론에 영향을 미치거나, 불화를 조장하는 것이다. 이런 방식으로 AI는 이미 대중을 대상으로 한 강력한 정치 선전과 심리전 도구로 사용되고 있으며, 이는 투표 행동에 영향을 미치고, 우리의 사회에서 갈등과 혼란을 야기할 가능성이 있다. 이는 결코 바람직하지 않다.

79.
Bartlett, Robert, Adair Morse, Richard Stanton, and Nancy Wallace, "Consumer-Lending Discrimination in the Fintech Era," Journal of Financial Economics, May 29, 2021. https://www.sciencedirect.com/science/article/abs/pii/S0304405X21002403?via%3Dihub

반면, 동전의 다른 면에서는 AI가 콘텐츠를 스캔하여 허위 정보나 이른바 "가짜 뉴스"의 징후를 인식하여 이를 표시하거나 차단하는 데 사용되고 있다. 딥미디어와 같은 회사들은 AI를 사용해 오디오와 비디오에서 조작 흔적을 찾아내고, "가장 교묘하게 숨겨진 조작"까지도 폭로하여 콘텐츠의 진위성을 보장한다. 히브리 성경, 타나크의 욥기에서 (약간 수정하여) 인용하자면, "AI는 주기도 하고 빼앗기도 한다(AI giveth and AI taketh away)."

안전, 보안, 그리고 프라이버시

AI 기반 기술이 어떻게 한 사람의 안전, 보안, 그리고 프라이버시를 침해하거나 보호하는 데 사용될 수 있는지는 쉽게 상상할 수 있다. 사랑하는 사람으로부터 급한 전화가 왔는데 그가 곤경에 처해 있고 당장 돈이 필요하다고 한다. 그 목소리가 정말 그 사람의 것인지, 아니면 AI가 생성한 가짜 목소리인지 어떻게 알 수 있을까? 비밀번호를 변경하라는 링크가 포함된 이메일을 받았다. 그것이 피싱 공격이 아니라, 정말로 내 계정을 관리하는 회사에서 보낸 것임을 어떻게 확인할 수 있을까?

AI는 사이버 보안 세계에서 종종 "블랙 햇"이라 불리는 악역 수행자에 의해 무기로 사용되고 있다. 동시에, AI는 "화이트 햇"이라 불리는 방어자들에 의해 방패로 사용되고 있다. 또한, 레드 팀이라는 조직도 있는데, 이는 공격을 모방하고 조직에 보안 태세를 개선할 방법을 보고하려는 목적으로 고용된 그룹이다. AI는 무기이자 방패이다. 그러므로 본질적으로 우리가 목격하는 문제는 기술 자체에 있는 것이 아니라, 인간이 그것을 사용하는 방식에 있다.

잠재적인 저작권 침해

오픈AI의 챗GPT와 Dall-E, 스테빌리티AI의 스테이블디퓨전, 미드저니 등과 같은 생성형 AI 프로그램은 텍스트, 이미지, 오디오, 비디오 콘텐츠를 생성하며, 이는 작가와 예술가의 저작권을 침해할 가능성이 있다. 이러한 AI 모델들은 인터넷의 방대한 데이터를 학습했으며, AI 회사들은 여기에는 출판된 책, 독점적 코드(소유권이 인정되는 코딩 결과물 또는 소프트웨어-역자 주), 예술 작품과 같은 저작권이 있는 자료도 포함된다고 인정했다.

게다가 AI가 생성한 콘텐츠가 저작권이 있는 작품과 매우 유사할 때도 있는데, 예를 들어, 도시 풍경을 배경으로 한 슈퍼히어로의 이미지는 인기 있는 영화의 한 장면과 거의 동일할 수 있다. 창작물이 새롭거나 독창적일지라도 여전히 우려를 불러일으킬 수 있다. 예를 들어, 2023년 봄, 유명 뮤지션 드레이크와 더 위켄드의 목소리가 나온 「Heart on My Sleeve」라는 노래가 화제가 되었으나, 이 곡이 가짜임이 밝혀지면서 스트리밍 서비스에서 삭제되었다.[80]

이러한 사례들은 모델 훈련에 사용된 저작권 있는 작품의 공정한 사용에 해당하는가, 아니면 저작권 소유자의 지적 재산권 침해에 해당하는가? 지금까지는 저작권 있는 콘텐츠를 이러한 방식으로 사용하는 것이 불가능했다. 생성형 AI 모델의 출력물의 성격은 우리가 지금껏 본

80.
Coscarelli, Joe. "An A.I. Hit of Fake 'Drake' and 'The Weeknd' Rattles the Music World." The New York Times. April 19, 2023, updated April 24, 2023. https://www.nytimes.com/2023/04/19/arts/music/ai-drake-the-weeknd-fake.html.

그 어떤 것과도 근본적으로 다르다. 분명히, 작가와 예술가들은 강력한 한 가지 입장을 가지고 있으며, AI 회사들은 또 다른 관점을 주장하고 있다.

    나는 저작권 소유자의 관점에 공감할 수 있다. 나는 여덟 권의 책을 썼고, 이 책이 내가 쓴 아홉 번째 책이다. 만약 내 책 중 하나가 생성형 AI 모델의 훈련 데이터 세트에 포함되어, 사용자가 내 책의 한 장(chapter)이나 구절을 완벽히 재현한 내용을 얻을 수 있다면, 나는 분명 화가 날 것이다. 하지만 출력물이 내가 쓴 것을 단어 하나하나까지 그대로 재현한 것이 아니라면 어떨까? 출력물이 내 아이디어와 개념을 매우 유사한 방식으로 효과적으로 전달했다면 어떨까? 그리고 그러한 도구로 인해 아무도 내 책을 더 이상 사지 않게 된다면 어떨까? 나는 저작권 보호에 따라 손해 배상을 청구할 수 있을까? 이러한 질문들이 현재 진행 중인 소송에서 논의되고 있으며, 법원이 곧 결정을 내리게 될 것이다.

요약

이 장에서는 다섯 가지 카테고리 그룹을 살펴보았다: 자동화와 의사 결정, 경제와 금융, 환경과 사회, 정보와 선전, 그리고 안전, 보안, 프라이버시. 이러한 카테고리들 내에서 AI가 많은 놀라운 이점을 가져오는 동시에, 심각한 우려와 매우 현실적인 해악도 가져온다는 점을 논의했다.

    이 탐구를 개인과 의료, 그리고 혁신과 창의성 같은 다른 카테고리로도 확장할 수 있다. 우리는 다음과 같은 동일한 이중성을 발견할 것이다: AI는 축복이자 부담이다. 이러한 이중적 성격—도움이 되는 방식과 해로운 방식 모두로 사용될 수 있다는 점—은 AI에만 국한된 것이 아니다. 우리는 화약, 원자력, 인터넷에 이르기까지 다른 기술 혁신에서도 동일한 균형 잡기의 사례를 목격했다.

그러나 AI에는 다른 모든 기술보다 더 큰 도움처럼 느껴지고, 동시에 더 큰 위협처럼 느껴지는 무언가가 있다. 아마도 그것은 우리 인류가 지구상에서 존재해 온 이래로 우리만의 고유한 영역으로 여겨지던 것 ― 바로 (인간의) 지능 ― 을 넘보는 방식 때문일 것이다.

닐 포스트먼은 그의 강의에서 기술을 일종의 파우스트적 거래로 묘사했다. 이는 어떤 이점을 얻기 위해 중요한 무언가를 포기해야 하는 상황을 의미한다. (파우스트적 거래라는 개념은 독일 전설에 나오는 학자 파우스트에서 비롯된 것으로, 그는 악마의 대리인 메피스토펠레스와 협상하여 자신의 영혼과 세계의 모든 지식 및 쾌락을 맞바꿨다)

파우스트처럼, 우리는 엄청난 힘과 맞바꾸어 믿을 수 없을 만큼 소중한 무언가를 포기하고 있다. 우리가 포기하는 것은 지능의 피라미드 꼭대기에 있던 인류의 특권적이고도 고독한 자리이다. 그 대가로 우리가 얻는 것은 역사상 가장 유능한 조력자 ― 결코 지치지 않고, 빛의 속도로 우리의 일을 처리할 수 있는 존재 ― 이다.

이 일이 우리에게 어떻게 전개될지는 알 수 없다. AI는 인류 역사의 흐름을 바꿀 것이며, 그것을 창조하고 받아들이는 과정은 우리 자신을 근본적으로 변화시킬 것이다.

제 6장: AI의 신화와 진실

"AI가 강력한 기술이기는 하지만, AI를 도입하는 것 만으로 일이 나아지지는 않을 것이다."

비비엔 밍, 미국의 신경과학자

AI에 관한 많은 신화와 오해가 온라인에서 떠돌고 있으며 그런 현상은 일상적인 대화 속에서도 나타나고 있다. AI에 대한 흥미로운 이야기를 읽거나 들을 때는 항상 출처를 신중히 고려해야 한다. 어떤 사람들은 여러분들이 AI에 대해 적극적으로 대응하기를 바라며, 다른 어떤 사람들은 여러분들이 AI에 대해 우려를 느끼기를 바란다.

동시에, 많은 사람들은 근본적으로 AI가 무엇인지 잘 알지 못한다. 그들의 개념은 대중문화, SF 작품, 또는 소셜 미디어 게시글에 의해 형성되었을 수도 있다. 지금까지 우리는 AI가 단순히 로봇과 관련된 것이라는 생각, AI가 단일한 하나의 개념이라는 오해, 그리고 기술 업계 종사자들만을 위한 것이라는 잘못된 인식을 불식시키려 했다. 이 모든 것들이 사실이 아니며, 실제로 AI는 스트리밍 플랫폼부터 금융 애플리케이션, 차량 제어 시스템까지 우리 일상의 모든 곳에 존재하며, 우리 모두에게 영향을 미친다.

우리는 이미 AI에 대한 또 다른 큰 오해, 즉 AI가 머신러닝이나 딥러닝과 완전히 동일하다는 생각을 다뤘다. 물론 이것도 사실이 아니다. 우리는 이미 이 세 가지의 계층적 관계를 명확히 했다: AI는 큰 우산이며, 머신러닝은 그 아래에 속하고, 딥러닝은 다시 머신러닝 아래에 속한다. 4장에서 언급했던 러시아 인형의 비유를 기억하라!

사람들이 AI가 곧 머신러닝(ML)이라고 잘못 믿는 이유를 이해하기는 쉽다. 심지어, 얼마 전부터 사람들은 머신러닝이 포함된 AI를 지칭하기 위해 AI/ML이라는 약어를 사용하기 시작했다. 이 약어는 AI와 ML을 같은 수준으로 놓는 듯하다. 또한, 지난 몇 십 년 동안 머신러닝, 특히 딥러닝이 엄청난 중요성을 얻었다는 점에도 의심의 여지가 없다. 최근 AI의 주요 혁신 중 머신러닝이 포함되지 않은 것을 떠올리기 쉽지 않을 정도이다. 그리고 머신러닝이 앞으로 더 많은 돌파구를 가져올 것으로 기대되지만, 그것만이 유일한 방법은 아니다. 앞서 논의했듯이, 머신러닝은 비기호적 AI 또는 연결주의 AI라 불리는 AI 분파 내에서 주요 역할을 맡고 있다. 그러나 기호적 AI, 즉 전통적 AI라고도 불리는 분파 역시 여전히 존재하며, 다시 영향력을 얻을 가능성도 있다.

이제부터, AI에 대한 10가지 일반적인 신화와 오해에 대해 살펴보도록 하자. 각 신화를 AI에 대해 지나치게 낙관적인 사람들이 믿는 버전과 지나치게 비관적인 사람들이 믿는 버전으로 나누어 볼 것이다. 그런 다음, 과장된 기대와 두려움을 넘어서 사실과 픽션을 구분하는 데 도움이 되는 균형 잡힌 진실을 나의 관점에서 공유하며 마무리하도록 하겠다.

#1: 구원자인가? 파괴자인가?

AI는 인류의 모든 문제를 해결한 만병 통치약이다.

AI는 확실히 모든 인류 문명을 파괴할 것이다.

균형 잡힌 진실

AI는 강력한 도구이지만 많은 한계가 있으며, 윤리적이고 책임감 있게 사용될 때 인류가 여러 문제를 해결하는 데 도움을 줄 수 있다.

#2: 초지능, 지금? 아니면 절대 불가능?

AI는 이미 인간의 지능을 능가했다.

AI는 절대 인간의 지능을 능가하지 못할 것이다.

균형 잡힌 진실

AI는 현재 초지능 상태가 아니며, 일부 지식 작업에서 인간보다 더 잘 수행할 수 있지만, 우리의 전반적인 지식과 직관적 능력은 훨씬 우수하다.

#3: 인간 뇌와 비슷한가? 다른가?

AI는 이미 인간의 뇌처럼 작동한다.

AI는 어떤 면에서도 인간의 뇌와 닮지 않았다.

균형 잡힌 진실

신경망은 원래 인간의 뇌에서 영감을 받았지만, 현대의 심층 신경망은 우리의 뇌와는 매우 다르게 작동한다.

#4: 객관적인가? 편향적인가?

AI는 객관적이고
편향되지 않으며
항상 공정하게
행동한다.

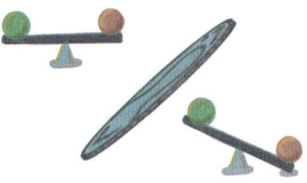

AI는 주관적이고
편향되어 있으며
공정하게
행동하도록
만들 수 없다.

균형 잡힌 진실

AI는 학습 데이터에 내재된 편향을 상속받을
수 있지만, 신중한 설계와 조정을 통해
이러한 편향을 줄이고 객관성을 높일
수 있다.

#5: 경제적 번영? 파괴?

AI는 모두에게 경제적 번영을 가져올 것이다.

AI는 대량 해고와 실업을 초래할 것이다.

균형 잡힌 진실

AI는 일부 일자리를 없애고, 일부를 변화시키며, 새로운 일자리를 창출할 것이다. 이는 모두가 적응하고 새로운 기술을 배우도록 요구한다.

#6: 신뢰 가능? 신뢰 불가?

AI가 모든 의사 결정을 자율적으로 수행하는 것을 신뢰할 수 있다.

중요한 의사결정에 대해 AI를 절대 신뢰할 수 없다.

균형 잡힌 진실

AI는 많은 종류의 결정을 완전히 자동화할 수 있지만, 중요한 혹은 복잡한 결정의 경우, AI는 결정을 지원하고 최종 결정은 인간이 내리는 것이 바람직하다.

#7: 보안과 프라이버시, 위협? 보호?

AI는 모든 안전, 보안, 프라이버시 문제를 해결할 것이다.

AI는 안전, 보안, 프라이버시를 불가능하게 만들 것이다.

균형 잡힌 진실

AI는 특히 악의적인 행위자에 의해 무기화될 경우, 중요한 안전, 보안, 프라이버시 위험을 초래할 수 있지만, 동일한 위협으로부터 방어하는 데에도 사용할 수 있다.

#8: 지각 능력, 지금인가? 불가능인가?

AI는 이미(혹은 곧) 의식이나 지각 능력을 가지게 될 것이다.

AI는 절대 의식이나 지각 능력을 개발할 수 없을 것이다.

균형 잡힌 진실
우리 자신의 의식의 본질은 여전히 미스터리이며 열린 논쟁의 대상이기 때문에, AI의 의식에 대한 극단적인 주장을 하는 것은 비합리적으로 보인다.

#9: 프로세스 효율이냐? 결함이냐?

AI는 스스로 모든 프로세스에서 완벽한 효율성을 제공할 수 있다.

AI는 항상 인간의 감독과 개입이 필요하다.

균형 잡힌 진실

AI는 특히 악의적인 행위자에 의해 무기화될 경우, 중요한 안전, 보안, 프라이버시 위험을 초래할 수 있지만, 동일한 위협으로부터 방어하는 데에도 사용할 수 있다.

#10: 유토피아인가 디스토피아인가?

AI는 유토피아적 사회로 이어질 것이다.

AI는 디스토피아적 결과로 이어질 것이다.

균형 잡힌 진실

AI는 유토피아나 디스토피아라는 두 극단적 결과 중 어느 쪽으로도 이끌지 않을 것이다. 그러나 인간은 AI를 사용하여 사회를 돕거나 해칠 수 있다.

신화 #1: 구원자인가? 파괴자인가?

이 첫 번째 신화의 지나치게 낙관적인 버전에 따르면, AI는 인류를 위협하는 모든 문제, 심지어 인류 자신으로부터(인류 스스로가 만들어낸 문제로부터) 구원해 줄 것이다. 여기서 말하는 것은 빈곤과 기아의 완전한 종식, 지구 온난화 해결, 그리고 각종 질병의 종식을 말한다. 반면, 이 신화의 지나치게 비관적인 버전은 AI가 통제권을 잡고 인류를 완전히 파괴할 것이라는 것이다. 일론 머스크는 "인공지능을 통해 우리는 악마를 소환하고 있다"고 말하기도 했다.

　미래를 바라보는 이러한 양 극단적인 관점은 하나의 공통된 믿음을 공유한다: AI가 거의 무한대로 강력해질 것이라는 믿음이다. 그러나 이러한 무한한 힘이 보여줄 미래의 모습은 신화에 불과하다. 우리 인류는 기하급수적으로 성장하는 현상을 바탕으로 같은 이야기(무엇이든 그런 식으로 빠르게 성장할 것이라는 이야기)를 다양한 버전으로 스스로에게 말하는 데 능숙하다. 그러나 이러한 종류의 예측에는 매우 높은 수준의 불확실성이 따른다는 점을 기억해야 한다.

　현재, AI가 매우 강력한 도구라는 것은 사실이며, 그 능력은 매일같이 성장하고 있다. 그러나 균형 잡힌 진실은 AI가 항상 한계를 가지며, 이로 인해 우리의 일부 문제를 해결하지 못할 것이고, 또한 AI가 우리를 완전히 통제하는 것도 불가능할 것이라는 점이다. 이전의 모든 기술과 마찬가지로, AI는 천사와 악마의 양 극단 사이 어딘가에 자리 잡을 것이다. 즉, 어떤 면에서는 우리를 돕지만 다른 면에서는 그렇지 않을 것이며, 어떤 면에서는 우리에게 해를 끼치지만 다른 면에서는 그렇지 않을 것이다.

신화 #2: 초지능, 지금? 아니면 절대 불가능?

첫 번째 신화와 매우 밀접하게 관련된 두 번째 신화는 AI가 어떻게 그렇게 강력해질 것인가에 대한 질문을 다룬다. 바로 초지능(superintelligence)의 개발에 대한 이야기이다. 교과서적 정의에 따르면, 초지능은 "전반적인 지능이나 특정한 지능 측면에서 인간을 뛰어넘는 존재가 갖고 있는 것"이다.[81] "AI 열광론자"는 AI가 이미 초지능을 가지고 있거나, 비록 지금은 그렇지 않더라도 가까운 미래, 분명히 우리 생애 내에, 곧 초지능을 개발할 것이라고 믿고 있다.

반면, "AI 혐오론자"는 지금의 AI는 초지능이 아니며, 앞으로도 결코 초지능에 도달하지 않을 것이라고 주장한다. 이 주장은 AI가 단지 인간을 따라 하는 앵무새에 불과하며, 본질적으로 지능적이지 않은 단순한 다음 단어 예측 엔진이라는 주장에 기반한다. 그러나 AI에 대한 이런 낮은 평가는 대규모 언어 모델과 상호작용할 때의 경험과는 맞지 않는다. 비록 이 모델들이 완벽과는 거리가 멀고, 환각(hallucination)이나 비현실적이고 터무니없는 왜곡된 기억(confabulation)에 취약한 것도 사실이지만, 그럼에도 불구하고 엄청난 성과를 보여주기도 했다. 이 모델들이 지속적으로 능력을 키울 것은 확실하며, 앞으로의 발전이 그들의 지능을 강화시켜 우리의 지능을 뛰어넘을 가능성도 충분히 있다. 그건 시간이 지나면 알게 될 것이다. 아직 그 단계에 도달하지 않았지만, 언젠가는 그런 일이 일어날 수도 있다는 것이다. 현재 이 수준의 AI가 이미 존재한다는 것도 신화이고, 그것이 완전히 불가능하다는 것도 신화이다.

---

81. "Superintelligence," Merriam-Webster, https://www.merriam-webster.com/dictionary/superintelligence, accessed

신화 #3: 인간 뇌와 비슷한가? 다른가?

세 번째 신화는 AI와 인간 뇌의 비교에 관한 것이다. 한 편에서는, 일부는 AI가 인간 뇌와 동일한 방식으로 작동하고 행동한다고 주장한다. "인간 뇌와 똑같다"는 주장은 사람들이 좋아할 만한 기사 제목으로 그리고 클릭을 유도하기 위한 미끼로는 좋을 수 있지만, 그 말은 지나치게 과장된 표현이며 신경과학자들을 난처하게 만들 수 있다. 다른 한 편에서는 AI가 인간 뇌와 전혀 닮지 않았고, 닮은 적도 없었으며, 둘 사이를 비교하는 것 자체가 터무니없다고 주장한다.

균형 잡힌 진실은 심층 신경망의 일부 측면이 처음에는 인간의 뇌로부터 영감을 받았지만, 실제로는 매우 다르게 작동한다는 것이다. 최초의 인공 뉴런을 발명한 프랭크 로젠블랫은 생물학적 뉴런의 모델 역할을 할 수 있는 장치를 구축하는 데 관심이 있었다. 그는 인공지능 자체를 창조하는 데 관심이 있었던 것이 아니라, 인간 인식을 더 잘 이해하는 데 관심이 있었다. 이후, 일본의 컴퓨터 과학자인 쿠니히코 후쿠시마는 얀 르쿤의 컨볼루션 신경망의 전신인 네오코그니트론을 발명했으며, 이는 인간 시각 피질의 계층적이고 위계적인 구조를 발견한 데서 영감을 받았다.

그렇긴 하지만, 인간의 뇌와 현대적인 심층 신경망 사이의 차이점이 너무 많아 나열할 수 없을 정도이다. 우리의 뇌는 탄소 기반의 유기체이며, 뇌 내 다양한 하위 구조로 그룹화된 생물학적 뉴런들 사이에서 전기적, 화학적 신호를 통해 정보를 처리한다. 우리의 뇌는 의식 그리고 진정한 이해를 만들어 낸다. 반면, 심층 신경망은 실리콘 기반 하드웨어 내에서 구현되며, 여러 계층으로 그룹화된 인공 뉴런들 사이에서 디지털 신호를 통해 정보를 처리한다. 이는 컴퓨터가 인간과 동일한 근본적인 이해 없이 특정 작업을 수행할 수 있도록 한다.

신화 #4: 객관적인가? 편향적인가?

네 번째 신화는 AI의 공정성, 또는 공정성의 결핍에 초점을 맞춘다. AI 열광자는 AI가 완벽히 객관적이고 공정한 궁극의 판단자라는 신화를 믿는다. 그들의 잘못된 논리는 다음과 같다. AI가 컴퓨터에서 실행되고, 디지털 입력, 수치적 가중치, 그리고 수학적 방정식을 기반으로 결정을 내리기 때문에, 인간처럼 편향과 선입견에 영향을 받지 않는다는 것이다. 하지만 그러한 주장이, AI의 내부 작동 방식에 대한 언급이라면 맞지만, AI의 행동 방식에 대한 결론이라면 맞지 않다.

반면에, AI 회의론자들은 AI가 훈련 데이터에 의해 훈련되기 때문에 항상 편향될 수밖에 없다고 생각한다. 그들 생각에, 편향되지 않은 훈련 데이터 세트라는 것은 존재하지 않는다. 훈련 데이터가 왜곡되어 있을 수도 있고 훈련 데이터를 생성한 현실 세계의 프로세스가 어느 정도 차별적일 수도 있다. 따라서 AI는 항상 우리의 편향과 편견을 학습할 것이다. 심지어 AI는 이러한 편향을 강하게 고착화시키고 이를 영속화 시킬 것이다.

그들의 이러한 믿음은 머신러닝이 작동하는 방식에 대한 실질적인 우려에서 비롯된 것이다. 또한, 우리가 살고 있는 세상에 대한 현실적이지만 암울한 관점에 기반을 두고 있다. 하지만 불공정성은 결코 고쳐지지 못할 것이라는 믿음 또한 신화이다. 이러한 믿음은 우리가 훈련 데이터 세트의 편향을 줄이고, 이를 통해 우리가 만드는 AI 모델의 공정성을 높이기 위해 취할 수 있는 노력을 소홀하게 만든다. 균형 잡힌 진실은 다음과 같다. 편향은 현존하며 앞으로도 지속될 것이지만, 꾸준한 노력으로 세상에 내놓는 AI 프로그램의 공정성을 개선할 수 있다.

신화 #5: 경제적 번영? 파멸?

많은 기술 애호가들은, AI가 전 세계 인구 중 많은 사람들에게 경제적 번영을 가져다 줄 것이라고 생각한다. AI가 우리의 지루한 노동의 대부분을 대신하고, 빈곤을 크게 줄여주며, 누구나 자신과 가족을 위해 새로운 부를 창출할 기회를 누릴 수 있게 할 것이라는 것이다. 그들은 사회 전체가 승자가 될 것이라고 말한다.

그러나 이는 AI가 이끌어 가는 미래를 지나치게 낙관적인 시각으로 바라본 것이다. 모든 이에게 경제적 번영을 가져오는 AI는 멋진 꿈이지만, 그것은 단지 신화일 뿐이다. 반대의 신화는 AI가 우리의 모든 직업을 완전히 자동화하여 모두를 실직하게 만들고, AI로 인한 경제적, 금융적 이익을 독점할 극소수의 엘리트를 제외한 모두에게 경제적 파멸을 가져올 것이라는 것이다. 다행히도, 이 암울한 전망 역시 신화이다.

균형 잡힌 진실은 AI가 많은 것을 뒤흔들고 산업 전반의 기존 질서를 무너뜨리고 있다는 것이다. 이는 우리 모두가 변화에 적응하고 새로운 기술을 배워야 하는 필요성을 강조한다. 기술 기업을 통제하는 비교적 적은 수의 사람들은 일반 사람들보다 훨씬 더 큰 이익을 얻고, 선진국들은 개발된 국가들보다 훨씬 더 큰 혜택을 누릴 것으로 예상된다.

따라서 AI의 혜택이 소수의 선택된 사람들만이 아니라 모두에게 돌아가도록 하기 위한 조치가 필요하다. 어떤 조치가 필요할까? 사람들에게 그들의 지역이나 사회경제적 지위와 상관없이 AI에 접근할 수 있는 기회를 제공해야 한다. 또한, 실제로 이를 받아들일 수 있도록 교육을 제공해야 한다. 기업과 국가는 변화에 대비하여 인력을 준비시켜야 하며, 이를 통해 사람들이 변화의 혜택을 누릴 수 있는 기회를 갖도록 해야 한다. 그리고 다양한 불평등을 악화시키는 AI의 편향적이고 차별적인 결과물에 대해 올바로 대응해야 하고, 그것을 줄어들게 해야 하며, 마침내 그것을 제거시켜야 한다. 구글과 구글의 모회사 알파벳과 관련된 집필가들의 말을 빌리자면:

> AI는 경제 성장을 촉진하고 번영을 확장할 수 있는 한 세대에 한 번 올만한 기회를 제공한다. 그러나 AI가 경제를 변혁시키고 모두에게 혜택을 주는 공동적인 번영을 이끌 잠재력은 자동적으로 주어지거나 보장된 것이 아니다. 혁신의 역사는 다음과 같은 점을 말하고 있다: AI의 잠재력을 실현하려면 고르지 못한 인프라, 수용 장벽, 조직 변화, 인력 준비 부족, 그리고 기회와 혜택에 대한 접근성 격차에 이르기까지 다양한 장애물과 도전을 해결해야 한다.[82]

82.
Ben-Ishai, Guy, Jeff Dean, James Manyika, Ruth Porat, Hal Varian, and Kent Walker, "AI and the Opportunity for Shared Prosperity: Lessons from the History of Technology and the Economy," January 31, 2024, arXiv:2401.09718 [econ.GN], https://doi.org/10.48550/arXiv.2401.09718.

신화 #6: 신뢰 가능? 신뢰 불가?

여섯 번째 신화는 AI의 신뢰성에 관한 질문을 다룬다. AI 낙관론자는 AI가 인간보다 더 빠르고 정확한 결정을 내릴 수 있기 때문에 우리의 가장 중요한 결정을 AI에 맡기는 것이 더 낫다고 느낀다. 예를 들어, 도로 위 모든 차량이 자율적으로 운영된다면 교통사고 사망자는 거의 없어질 것이라고 주장한다. 이는 잠재적으로 사실일 수 있지만, AI가 지금 당장 모든 결정을 완전히 대체할 수 있다는 믿음은 신화에 불과하다.

반대 쪽 극단에 있는 AI 비관론자들은 AI는 전혀 신뢰할 수 없으며, 해결은 커녕 이해 조차도 못하는 오류에 그대로 노출되어 있다고 본다. 이러한 극단적 관점에 따르면, AI 모델은 훈련 데이터에서 벗어난 혼란스러운 현실 세계를 만날 때 근본적으로 취약하다. 따라서 AI에게 어떠한 의사 결정이라도 맡기는 것은 실수가 될 것이다.

균형 잡힌 진실은, 사람들이 이미 안전하게 AI에 맡긴 다양한 종류의 의사 결정이 있으며, 많은 경우 AI가 상당히 신뢰할 수 있음을 입증했다는 것이다. 더욱이, AI가 계속 개선되고 진화함에 따라 미래에는 더 많은 의사 결정을 대신 처리할 것이다.

그러나 AI가 어떤 결정을 처리할 수 있는지, 그리고 특정 상황에서 어느 정도까지 AI에 통제를 일임해야 하는지는 항상 질문거리이다. 그 답은 종종 "통제하지 않음"과 "완전한 통제"라는 이분법적 선택 이상의 것이다. 고려할 만한 흥미로운 모델은

83.
"Automated Driving: Levels of Driving Automation are Defined in New SAE International Standard J3016," SAE International, 2014; archived PDF from the original, July 1, 2018.

2014년 국제자동차기술자협회(SAE)가 발표한 여섯 단계의 분류 체계로, 이는 운전과 관련된 다양한 자동화 수준을 나타낸다.[83]

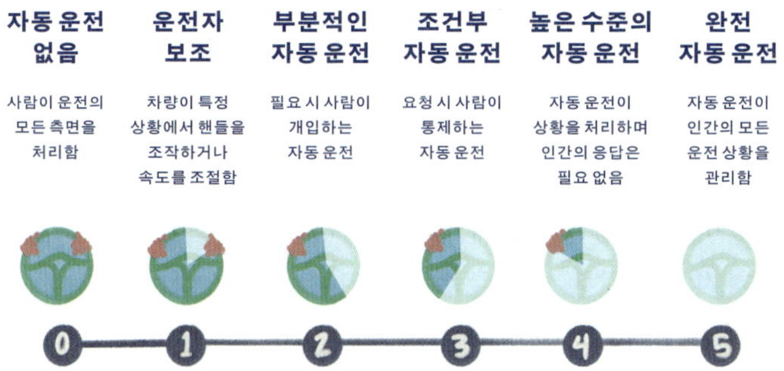

자동 운전 없음	운전자 보조	부분적인 자동 운전	조건부 자동 운전	높은 수준의 자동 운전	완전 자동 운전
사람이 운전의 모든 측면을 처리함	차량이 특정 상황에서 핸들을 조작하거나 속도를 조절함	필요 시 사람이 개입하는 자동 운전	요청 시 사람이 통제하는 자동 운전	자동 운전이 상황을 처리하며 인간의 응답은 필요 없음	자동 운전이 인간의 모든 운전 상황을 관리함
0	1	2	3	4	5

그림 6.1. SAE J3016 여섯 단계 자율 운전 척도

- 레벨 0 – 자동 운전 없음: 사람이 운전의 모든 측면을 처리

- 레벨 1 – 운전자 보조: 시스템이 적응형 크루즈 컨트롤의 일부와 같이 특정 운전 상황에서 핸들을 조작하거나 가속/감속을 함

- 레벨 2 – 부분적인 자동 운전: 자동 운전이지만 특정 사건과 상황에 반응하기 위해 인간 운전자가 통제를 행사함

- 레벨 3 – 조건부 자동 운전: 자동 운전이지만, 시스템 오류 등의 상황 발생 시 인간 운전자의 개입을 요청하여 통제권 전환이 가능함

- 레벨 4 – 높은 수준의 자동 운전: 인간 운전자가 개입 요청에 응답하지 않아도, 설계된 조건 내에서 자동으로 운전함

- 레벨 5 - 완전 자동 운전: 인간 운전자가 일반적으로 처리할 수 있는 모든 운전 조건 하에서 자동으로 운전함

자동화가 AI와 같지 않다는 점을 기억하는 것도 중요하다. 우리는 AI를 전혀 사용하지 않고도 많은 작업을 자동화한다. 예를 들어, 일부 자동차에서는 유리창에 비가 떨어지면 와이퍼가 자동으로 작동하며, 비의 강도에 따라 속도를 조정한다. 이러한 시스템의 초기 구현은 센서와 소프트웨어를 사용했지만, AI를 활용하지는 않았다. AI가 확산됨에 따라 더 많은 자동화가 AI를 포함할 것으로 예상되지만, 어떤 애플리케이션이 작업을 자동화한다고 해서 반드시 AI를 사용하는 것은 아니다.

신화 #7: 보안과 프라이버시는 위협인가, 방어인가?

일곱 번째 신화는 안전, 보안, 그리고 개인정보 보호와 관련된 문제를 다룬다. 안전(safety)은 의도적이든 비의도적이든 해악으로부터 보호하는 것, 보안(security)은 의도적인 해악으로부터 보호하는 것, 프라이버시는 개인 정보를 통제하는 것이라고 정의할 수 있다. 지나치게 낙관적인 관점에서는 AI가 이러한 세 가지 위협과 관련된 모든 문제를 해결해 줄 것이라고 본다. AI는 궁극적으로 모든 잠재적 위협을 제거하거나 최소한 그러한 위협을 발견하여 우리가 스스로를 보호하기 위한 조치를 취할 수 있도록 해줄 것이라고 기대된다. 이는 멋진 비전이지만, 신화일 뿐이다.

지나치게 비관적인 관점은 AI가 우리가 알고 있는 안전, 보안, 프라이버시의 종말을 알릴 것이라는 것이다. 그러한 관점에 의하면, 해커들은 AI를 사용해 비밀번호를 훔칠 수 있을 것이며, 우리의 모든 개인 정보가 완전히 노출되고, 친구와 적을 구분할 방법이 없게 될 것이다. 이는 다소 암울한 전망이지만, 다행히도 이 또한 신화에 불과하다.

균형 잡힌 진실은 다음과 같다: 우리의 보호를 강화할 수 있는 방식으로 AI가 사용될 수도 있는 한편, 악의적인 행위자들에 의해 우리가 직면한 위험과 위협을 증가시키는 방식으로 AI가 사용될 수도 있다. AI는 이미 블랙 햇 해커(불법적이고 비윤리적인 방식으로 컴퓨터 시스템이나 네트워크에 침입하여 데이터를 탈취하거나 손상을 입히는 해커 - 역자 주)에 의해 무기로도 사용되지만, 화이트 햇 해커(합법적이고 윤리적인 목적으로 취약점을 찾아내어 이를 개선하거나 방어책을 마련하는 데 도움을 주는 해커 - 역자 주)에 의해 방어 수단으로도 사용되고 있다. 블랙햇 해커들은 기술을 사용해 약점을 파악하고 이를 악용할 방법을 찾으며, 화이트햇 해커들은 동일한 기술을 사용해 약점을 탐지하고 이에 대한 방어책을 마련한다. AI는 이 끝나지 않는 전쟁에서 양측 모두에 의해 사용되는 또 하나의 도구일 뿐이다. 블랙 햇과 화이트 햇 간의 이 줄다리기가 진행되면서 AI 이전보다 더 안전해지는 순간도 있을 것이고, 같은 줄다리기로 인해 AI 이전보다 위험에 더 노출되는 순간도 있을 것이다.

84.
Searle, J. R., "Minds, brains, and programs," Behavioral and Brain Sciences 3, no. 3 (1980): 417–424, https://doi.org/10.1017/S0140525X00005756

신화 #8: 지각 능력, 지금 당장인가? 영원히 불가능한가?

지각 능력(sentience)은 매혹적인 주제이다. 지각적이라는 것은 감각을 경험하고 실제로 느낄(feel) 수 있는 능력을 갖는 것을 의미한다. 현대적인 사례에서는 또한 의식이 있고(conscious) 자가 인식을 가진(self-aware) 것을 뜻하기도 한다. 첫 번째 장에서 언급된 "강한 AI"와 "약한 AI"라는 용어를 기억하는가? 이 용어들은 사실 1980년 미국 철학자 존 설에 의해 소개되었으며, 오늘날 일반적으로 사용하는 방식과는 다른 의미를 가지고 있었다. 설에게 강한 AI는 단순히 인간과 동등하거나 더 높은 수준으로 지능적 작업을 수행할 수 있는 컴퓨터를 의미하는 것이 아니라, "실제로" 이해할 수 있는 컴퓨터를 의미한다:

> 그러나 강한 AI에 따르면, 컴퓨터는 단순히 마음(mind)을 연구하기 위한 도구에 그치지 않는다. 제대로 프로그래밍 된다면 컴퓨터는 마음 그 자체라고 할 수 있는데, 이는 적절하게 프로그래밍 된 컴퓨터는 이해하는 것이 가능하고 그 외 다른 인지적 상태를 가질 수 있다고 말할 수 있다는 뜻이다.[84]

AI는 지각 능력이 있을까? AI에 매료된 사람들에게는, 현대의 대형 언어 모델들이 이미 지각을 가지고 있는 것처럼 보일 것이다. 하지만 내 생각에 이것은 신화에 불과하다. 문제는 AI가 실제로 지각능력을 가지고 있는지를 입증하거나 반박하는 것이 매우 어렵다는 점이다. 이것이 바로 앨런 튜링이 자신이 "모방 게임(오늘날 튜링 테스트라고 불리고 있음)"이라 부른 방식으로 피하려 했던 바로 그 딜레마이다(지각 능력이 있는지 없는지에 대한 판단은 그러나 AI가 어떤 상상 가능한 상황에서도 결코 지각을 개발할 수 없다는 믿음 또한 오해라고 말하고 싶다.

나는 의식의 참된 본질에 대해 충분히 알지 못하기 때문에 어느 한쪽이 옳다는 신념을 만들지 못했다고 말하고 싶다. 다만, 나는 컴퓨터가 지각 능력을 갖도록 하는 방법을 모른다는 말 정도는 할 수 있을 것 같다. 결국, 지각 자체가 매우 복잡한 문제이기 때문에, AI와 관련하여 스펙트럼의 어느 극단으로도 서둘러 결론을 내지 말 것을 권한다.

신화 #9: 프로세스 효율이냐? 결함이냐?

다음으로 다룰 신화는 AI가 현실 세계에서 프로세스 효율성을 개선할 수 있는 능력이 있느냐에 관한 것이다. 이는 AI의 의사 결정 신뢰성과 관련된 신화와 매우 유사하다. 두 신화의 차이점은 의사 결정은 일회성 사건일 수 있는 반면, 프로세스는 반복적으로 실행된다는 점이다. 프로세스의 종류는 다양하다: 공급망 프로세스, 에너지 생성 및 활용 프로세스, 전자상거래 프로세스 등 그 목록은 끝이 없다. 이러한 프로세스를 최적화하고 운영하는 데 있어서, 우리는 어느 정도까지 AI에게 의존할 수 있을까?

AI 낙관론자에게, AI는 모든 프로세스를 매끄럽게 만드는 데 필요한 도구이다. 그들의 생각은 AI가 낭비 요소를 찾아내고 제거하며, 프로세스 설정을 미세 조정하고, 환경 변화에 적응하여 프로세스를 정상적으로 유지할 수 있다는 것이다. "한 번 설정하고 잊어버려라!"라는 말이 있긴 하지만, AI가 이러한 모든 작업을 신뢰성 높고 확실한 방식으로 수행할 수 있다는 것은 신화에 불과하다.

반대편에 있는 AI 비관론자는 AI가 매우 통제된 환경에서만 작동한다고 느낀다. 이러한 관점에 의하면, AI 모델이 훈련 데이터 범위를 벗어난 상황을 만나게 된다면 그 AI 모델은 오류가 날 것이고, 그 모델에 의해 운영되는 프로세스는 무너질 것이다. 이토록 지나치게 부정적인 관점은 생성적 적대 신경망과 같이 약간의 자가 수정 및 자가 조정 능력을 갖춘 모델에서 이루어진 AI의 발전을 간과하는 것이다. 이는 4장에서 이미 간략히 다룬 사례이다.

균형 잡힌 관점은 AI가 프로세스를 개선하는 데 매우 유용한 도구이고, AI 자체도 계속적으로 개선되고 있지만, 만능 해결책은 아니라는 것이다. 인간 프로세스 관리자는 여전히 프로세스 출력과 성과 지표를 모니터링하고 리뷰해야 하며,

문제가 발생했을 때 개입하고, AI 시스템이 운영하는 프로세스를 지속적으로 개선할 새로운 방법을 찾아야 한다. 앞으로도 이러한 상황(사람이 개입하고 개선해야 하는 상황-역자 주)이 계속될 것으로 예상한다.

신화 #10: 유토피아인가, 디스토피아인가?

마지막 신화는 단순히 이전 아홉 가지 신화의 누적된 효과이다. 앞에 나온 아홉 가지 신화를 믿는 AI 낙관론자는 AI가 수 백 년 동안 인간이 꿈꿔온 유토피아를 가져다 줄 것으로 기대한다. 이는 빈곤과 질병이 없고, 번영과 여가가 모두에게 균등하게 주어지는 공정하고 균형 잡힌 사회이다. 반대 관점에서는 AI가 로봇의 손에 의한 노예 상태, 그리고 잠재적인 멸망을 초래하는 디스토피아를 가져올 것으로 본다.

균형 잡힌 진실은 이러한 극단적인 결과 중 어느 것도 결코 일어나지 않을 것이라는 점이다. 우리는 AI를 통해 많은 것을 이루겠지만, 때로는 AI로 인해 스스로에게 해를 입히기도 할 것이다. AI가 도움되는 방향으로 쓰일 수 있도록 설계하고 구현하며, 유해한 사용을 방지하고 이에 반대 목소리를 내는 책임은 우리 각자에게 있다. 그런 점에서 AI는 우리가 발명한 다른 모든 기술과 마찬가지이다.

결론

이제 여러분들은 AI 여정의 시작 부분의 마지막 부분에 도달했다. 이 여정의 첫 발걸음이 즐거웠기를 바란다. 이 책에서 우리는 많은 내용을 다루었으며, 여러분들은 이제 "AI 시민"으로서 기본적인 정의, 일상적인 활용, 굴곡진 역사, 핵심적 기술, 다양한 혜택과 해악, 다채로운 신화와 오해, 그리고 AI에 대한 기본적이고 균형 잡힌 진실에 대해 잘 아는 상태로 거듭나고 있다.

    시민의 책임에는 어떤 것이 있을까? 그들의 시대에 가장 중요한 주제들에 대한 대화에 참여하는 것이다. 우리의 시대에는 우리 모두에게 영향을 미치는 많은 중요한 주제가 있다. 기술에 관해서라면, 아마도 AI보다 더 중요한 주제는 없을 것이다. 지금 진행 중인 AI에 대한 대화는 매우 중대한 의미를 가지고 있다. 이 대화들은 AI가 나아갈 방향과, 따라서 AI가 세상에 미치는 영향을 형성할 것이다. 여러분들은 이러한 대화에서 구경꾼으로 밀려나고 싶지 않을 것이다. 대신, 친숙함과 이해를 바탕으로 아이디어, 희망, 우려를 표현하고 비판적인 질문을 던지는 적극적인 참여자가 되고 싶을 것이다. 이 책의 목표는 여러분들을 이러한 참여의 길로 확고히 안내하는 것이었다.

    마무리하며, 이 책의 서문에서 언급했던 AI 리터러시의 정의를 다시 살펴보자. AI 리터러시는 인공지능 기술과 그 영향을 인식하고, 이해하고, 사용하고, 비판적으로 평가하는 능력이다. 이 정의는 네 가지 뚜렷한 부분을 포함한다:

- 첫 번째 부분은 AI를 인지하는(recognizing AI) 것이다. 이 책에서는 일상생활에서 AI를 더 잘 인식할 수 있도록 돕기 위해 다양한 AI 응용 사례를 다루었다.

- 두 번째 부분은 AI를 인식하는(grasping AI) 것이다. AI의 "내부 작동 방식"을 이해할 수 있도록, 우리는 머신러닝과 딥러닝의 핵심 개념을 다루었다.

- 세 번째 부분은 AI를 활용하는(using AI) 것이다. 여러분들이 AI에 대해 습득한 지식은 챗GPT와 같은 AI 챗봇이든, 알렉사나 시리와 같은 개인 비서든 관계 없이 실제로 AI를 사용해보는 데 자신감을 줄 것이다.

- 네 번째 부분은 AI를 비판적으로 평가하는(critically assessing AI) 것이다. 이 부분은 매우 중요하다. 이 책의 목표는 AI의 효과성, 적합성, 공정성을 평가하는 데 필요한 도구를 제공하는 것이었다. 우리가 모두 AI의 유용성과 해로움에 대해 더 많이 배울수록, AI를 올바른 방향으로 이끄는 데 더 큰 기여를 할 수 있다.

 이 다음에는 무엇이 올까? AI 리터러시를 AI 유창성(fluency)으로 발전시킬 수 있다. AI 기술을 능숙하고 통찰력 있게 사용하는 사용자로 성장하고, 궁극적으로는 AI 모델을 직접 맞춤화하거나 창조하는 법을 배우는 것이다.
 AI를 활용하는 법을 배우는 사람들은 앞으로 몇 년 동안 엄청난 이점을 가질 것이다. 나의 바람은 여러분들이 지금까지 얻은 모멘텀을 바탕으로 AI 분야의 진정한 전문가가 되는 것이다.

그리고 AI를 신중하게 사용하고, AI의 공정한 적용을 옹호할 수 있는 지혜를 발휘하기를 바란다.

 이 여정에 함께 해 주어 감사하게 생각한다. 여러분들을 위한 길잡이로서 나를 믿어줘서 고맙다. AI는 빠르게 발전하고 있으니, 우리 각자는 계속해서 지식과 기술을 개정해 나가야 한다는 것을 기억하길 바란다. 지속적으로 배우려는 마음가짐이 여러분들의 가장 중요한 자질이다.

감사의 말씀

이 책을 쓰는 과정은 나를 매우 겸손하게 만드는 경험이었다. 몇몇 AI 제품 출시를 이끌고 2023년에 ChatGPT Basics를 집필하긴 했지만, 내 경력 동안 AI 업계 내부자나 전문가였다고는 할 수 없다. 그래서 이 주제에 대해 무엇이라도 말할 자신이 생기기까지, 더구나 AI를 배우기 시작하는 이들을 위한 선생님의 역할을 맡기까지는 많은 것을 배워야 했다.

그래서 지난 몇 년 동안 내가 책, 기사, 게시물, 동영상 등을 통해 탐독해 온 AI 분야의 진정한 전문가들께 감사의 말을 전하고 싶다: 멜라니 미첼, 에단 몰릭, 개리 마커스, 마크 쾨켈버흐, 에템 알파이딘, 존 K. 켈러허, 앤드류 응, 페이페이 리, 조이 불람위니, 마이클 울드리지, 무스타파 술레이만, 그리고 그 외 많은 이들. AI 분야의 뛰어난 인간 지성들이 AI의 개념과 아이디어를 우리에게 훌륭하게 설명해 주신 것에 깊이 감사드린다. 나는 고집스러운 구식 작가로, 내 책의 모든 문장을 내 말로 쓰기를 고집하지만, 한 가지는 말해야겠다: 오픈AI의 GPT-4는 매우 유용한 연구 보조자가 되었다. 이 책에 있는 80개 이상의 각주 참조가 내가 대규모 언어 모델의 출력을 얼마나 철저히 사실 확인하는지를 증명할 것이다.

또한 나의 회사 '데이터 리터러시' 팀에게 감사의 말을 전하고 싶다. 내가 수개월 동안 수많은 자료에 몰두하는 동안 나를 지원해 주고 우리 비즈니스를 운영해 준 아내이자 공동 창립자인 베키 존스, 세심하게 디자인한 책 표지와 창의적이고 통찰력 있는 다이어그램으로 내 글에 생명을 불어넣은

앨리 토르반, 그리고 이 책을 5년 이상의 e러닝 경험을 집약한 온라인 강의로 만들어 준 메건 한노에게 감사드린다.

교정 편집자 에이미 핸디에게도 감사의 말을 전하고 싶다. 생성형 AI가 교정을 할 수 있다는 것을 알지만, 나는 관심 갖지 않는다. 매번 에이미를 선택할 것이다. 온라인 강좌와 함께 제공되는 비디오를 편집한 게르고 바르가에게도 감사의 말을 전하고 싶다. 그리고 이 책의 디지털 및 인쇄 버전의 레이아웃과 제작을 담당한 '마인드 더 마진스'의 로리 드워켄에게도 감사드린다. 이 사람들 없이는 책과 강좌가 존재하지 않았을 것이다.

또한 내 회사인 '데이터 리터러시'의 고객들, 특히 이 책과 그에 맞는 강좌가 존재하기 전, 두 가지 모두를 구매해 주신 분들에게 감사의 말을 전하고 싶다. 여러분들이 나와 팀원들에게 조직을 위한 세계적 수준의 학습 경험을 만들 수 있도록 신뢰해 주신 것에 대해 우리는 매우 감사하게 생각한다. 책의 구조와 개요에 대해 처음부터 귀중한 의견을 제공해 준 몇몇 사람들도 있었다. 이 책을 쓸 수 있었던 사실, 그리고 그것이 수천 명에게 읽히고 내 팀을 지원할 수 있는 수익을 가져올 것이라는 확신을 가지고 있었다는 점에 대해 얼마나 감사한지 말로 다 표현할 수 없다. 그래서, 우리의 파트너들에게 감사드린다. 바로 여러분들이다.

마지막으로, 이 책을 아들 아론에게 바치며, 아론에게 고맙다는 말을 전하고 싶다. 아론, 너는 내가 여기서 나열할 수 있는 것 이상의 방식으로 나에게 큰 영감을 준다. 너의 용기와 끈기는 기술이 앞으로 어떻게 발전하더라도 우리가 더 잘 살 수 있는 길을 찾을 수 있을 것이라는 희망을 준다.

감사의 말씀

부록

제1장: AI란 무엇인가
제2장: AI의 간략한 역사

부록1: 프랭크 로젠블랫의 퍼셉트론에 대한 상세 다이어그램

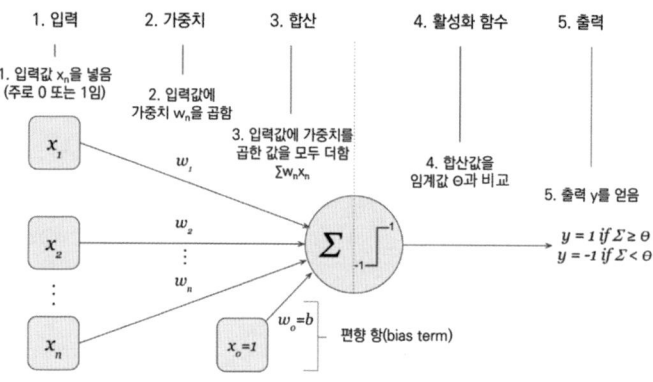

프랭크 로젠블랫의 퍼셉트론 개념 다이어그램은 다양한 센서에서 입력값(X_1부터 X_n까지)을 받아 각 입력에 가중치(W_1부터 W_n까지)를 곱하고, 가중치를 곱한 입력값을 모두 더한 후(그리스 문자 시그마(Σ)로 표시되며, $\Sigma W_n X_n = W_1 X_1 + W_2 X_2 + \cdots + W_n X_n$), 이 합을 그리스 문자 세타($\Theta$)로 표시된 임계값과 비교했다. 만약 합이 임계값보다 작으면($\Sigma < \Theta$), 퍼셉트론은 -1을 출력하고, 합이 임계값 이상이면($\Sigma \geq \Theta$) 1을 출력했다.

부록2: 인공 뉴런에 대한 상세 다이어그램

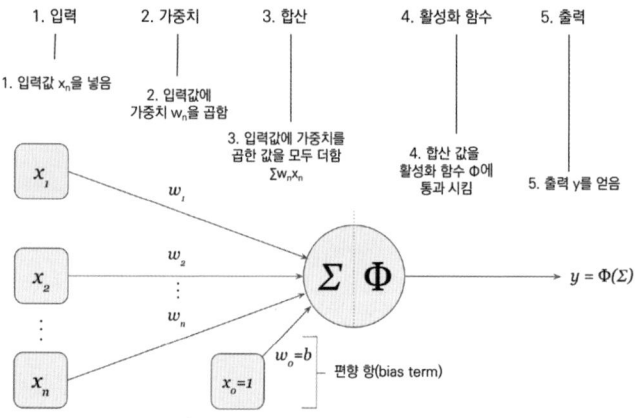

프랭크 로젠블랫의 최초의 인공 뉴런인 퍼셉트론과 유사한 현대 인공 뉴런의 개념 다이어그램으로서, 다이어그램에 반영된 두 가지 주요 변화는 다음과 같다: 1) 입력 값 x1부터 xn까지가 이제 연속적인 값 범위를 취할 수 있게 되었다, 2) 임계값 활성화 함수가 그리스 문자 파이(Φ)로 대체 되었으며, 이는 가중 합을 뉴런의 출력 즉 활성화로 변환하는 다양한 활성화 함수를 나타낼 수 있다.

이 다이어그램에는 모델에 추가적인 유연성을 제공하는 편향 항(bias term), 즉 $W_0 X_0 = b$도 포함되어 있다. 입력 X_0는 항상 1의 값을 가지도록 설정되며, 따라서 X_0에 W_0를 곱하면 항상 W_0,

즉 편향 항인 b가 된다. 여기서 말하는 편향은 사회적 편향이나 알고리즘적 편향과는 다르다(스펠링은 모두 같다). 오히려, 이는 입력의 가중 합을 일정량만큼 이동시키는 것으로 생각할 수 있다. 이는 직선의 방정식 $y = mx + b$에서 y 절편(b)을 변경하는 방식과 비슷하여, 직선을 위나 아래로 이동시키는 효과를 준다.

부록3: 간단한 신경망의 사례에 대한 상세 다이어그램

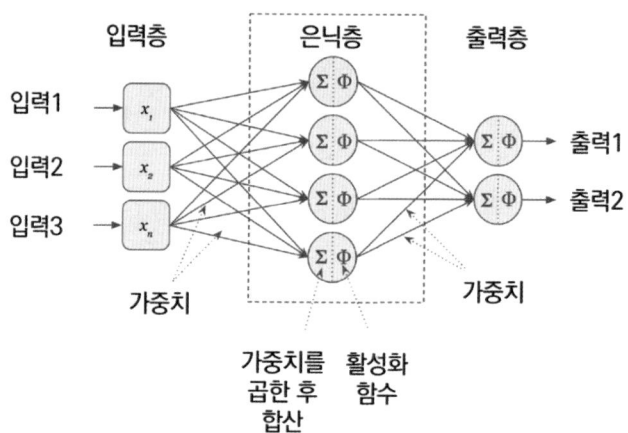

부록4: 심층 신경망의 사례에 대한 다이어그램

심층 신경망

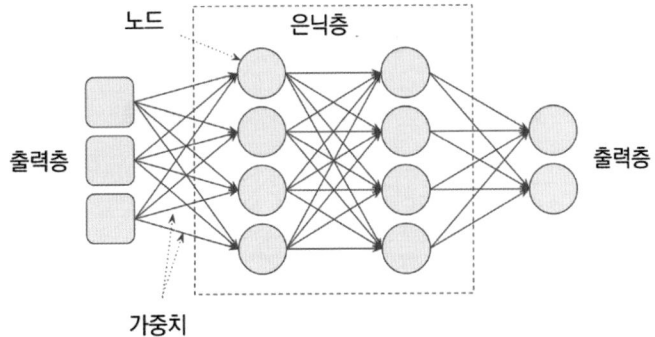

부록

용어집

활성화 함수
activation function

신경망의 뉴런(또는 노드)의 계산으로, 입력 값들의 가중 합을 처리하여 뉴런의 출력을 결정하는 함수이다. 일반적으로 시그모이드(sigmoid), 하이퍼볼릭 탄젠트(tanh), 정류선형유닛(ReLU)과 같은 비선형 함수를 통해 입력을 출력으로 변환하며, 이를 통해 전체 네트워크가 데이터에서 복잡한 패턴을 학습할 수 있게 한다.

AI 챗봇
AI chatbot

인간의 대화를 시뮬레이션하고 처리하는 AI 응용 프로그램으로, 사용자가 자연어를 사용하여 컴퓨터와 상호작용할 수 있게 해준다. 이는 다른 인간과 대화하는 방식과 유사하다.

AI 효과
AI effect

AI 패러독스라고도 불리는 현상으로, 한때 지능이 필요하다고 생각되었던 문제가 컴퓨터에 의해 해결되면, 더 이상 그 문제를 "진정한" 지능이 필요한 문제라고 생각하지 않고, 자연스럽게 그 해결책 자체를 AI라고 생각하지 않게 되는 현상이다.

AI 겨울

AI winter

AI 분야에서 자금 투자 감소, 관심 저하, 실망이 나타나는 넓은 주기의 한 단계로, 종종 AI의 능력에 대해 과도한 약속을 하고 성과는 달성하지 못하는 결과로 발생한다. 이는 AI에 대한 열광과 투자가 있는 시기가 지나면 일어나는 현상이다.

알고리즘
algorithm

AI에서 머신러닝 프로그램이 훈련 과정에서 따르는 일련의 지침으로, 프로그램이 훈련 데이터를 학습할 수 있도록 단계별 절차를 제공한다. 머신러닝 알고리즘의 예로는 신경망, 의사결정 트리, 다양한 군집화 알고리즘 등이 있다.

알고리즘 편향
algorithmic bias

AI 모델이나 다른 컴퓨터 시스템에서 일관되게 발생하는 시스템적인 오류로, 일부 사람들이 불공정하다고 여기는 결과를 초래한다. 예를 들어, 시스템의 의도된 기능과는 다르게 한 그룹의 사람을 다른 그룹보다 부당하게 선호하는 방식이다.

정렬
alignment

AI 시스템의 목표가 인간의 선호와 관심사에 부합하도록 보장하려는 시도로, 따라서 우리의 문명에 위험이 되지 않도록 하는 것이다.

알파고
AlphaGo

구글 딥마인드가 개발한 혁신적인 AI 프로그램으로, 심층 신경망을 사용하여 고수의 수준으로 바둑이라는 고대 중국 게임을 플레이한다. 2016년 3월, 알파고는 한국의 바둑 고수 이세돌을 5판 3승제로 진행된 대결에서 이기며, 딥러닝과 AI에 대한 관심의 물결을 일으켰다.

인공 일반 지능
artificial general intelligence: AGI

모든 인간의 작업을 수행할 수 있는 가상의 AI로, 강한 AI 또는 일반 AI라고도 불리며, 다양한 분야에 걸쳐 폭넓은 지능을 가진다.

인공 지능
artificial intelligence

지능적인 기계, 특히 지능적인 컴퓨터 프로그램을 만드는 과학과 공학이다.

인공 협소 지능
artificial narrow intelligence: ANI

약한 AI 또는 좁은 AI라고도 불리며, 인간의 지능을 필요로 하는 특정하거나 제한된 작업을 수행하도록 설계된 AI이다. 이는 훨씬 더 넓은 인지 능력을 가진 인공지능 일반 지능(AGI)과

인공 신경망
artificial neural network: ANN

인간 뇌에서 느슨하게 영감을 받아 구성된 계산 모델로, 인공 뉴런들이 네트워크 형태로 배열된 여러 층으로 이루어져 있다. 이 신경망은 데이터를 학습하여 복잡한 관계를 배우도록 훈련될 수 있으며, 보통 간단히 신경망(neural network)이라고 불린다.

인공 뉴런
artificial neuron

인간 뇌의 뉴런에서 영감을 받아 설계된 계산 모델로, 입력을 처리하고 가중 합을 적용한 후 활성화 함수를 통해 출력을 생성한다. 이를 통해 신경망 내에서 학습에 참여할 수 있다.

역전파
backpropagation

신경망의 은닉층 뉴런의 가중치를 조정하는 방법으로, 출력 뉴런의 오류를 계산한 후 이 오류를 네트워크를 통해 역으로 전파하여 각 가중치에 책임을 할당하고, 이를 조정하여 손실 함수를 줄이고 예측 정확도를 향상시키는 방법.

편향항
bias term

활성화 함수를 적용하기 전에 뉴런의 가중합에 추가되는 파라미터로, 데이터를 모델에 적합하도록 맞출 때 더 많은 유연성을 제공하기 위해 포함된다.

군집화
clustering

라벨이 없는 데이터에서 그룹 또는 "군집"을 찾는 비지도(unsupervised) 머신러닝 알고리즘으로, 각 군집 내의 구성원들은 가능한 한 비슷하고, 다른 군집의 구성원들과는 가능한

컴퓨팅
compute

AI 맥락에서, 이는 종종 명사로 사용되어 계산 리소스 또는 처리 능력을 의미하며, 같은 스펠링을 쓰는 동사(compute)의 진화된 형태이다.

컴퓨터 비전
computer vision

기계가 시각적 데이터를 해석하고 이를 기반으로 의사결정을 내릴 수 있게 하는 AI 분야로, 인간의 시각 처리 방식을 모방한다.

컨볼루션 신경망
convolutional neural network: CNN

심층 신경망의 일종으로, ConvNet이라고도 불리며, 주로 이미지를 통해 객체를 식별하고 분류하는 데 사용된다. 이는 일련의 필터 또는 커널을 적용하여 이미지를 스캔하고, 점점 더 추상적인 특징 맵(예: 단순한 경계에서 기본적인 형태, 객체까지)을 생성하여 얼굴 인식과 같은 복잡한 시각적 작업을 처리할 수 있게 한다.

비용 함수
cost function

머신 러닝 모델의 전체 학습 세트에서 개별 손실 함수를 집계한 평균 값을 나타내는 함수로서, 모델의 전반적인 성능을 평가하는 데

딥 블루
Deep Blue

1997년 뉴욕에서 열린 체스 대결에서 세계 체스 챔피언 개리 카스파로프를 $3\frac{1}{2}$-$2\frac{1}{2}$로 물리친 IBM의 체스 프로그램이다.

딥러닝
deep learning

깊은 신경망(DNN)을 포함하는 머신러닝의 하위 분야로, AI 능력을 크게 향상시켰다. 이는 대규모 데이터 세트에서 학습하는 인공 신경망의 층이 있는 것이 특징이며, 현대 컴퓨팅의 중요한 구성 요소이다.

심층 신경망
deep neural network

입력층과 출력층 사이에 여러 개의 은닉층이 있는 신경망으로, 데이터를 통해 복잡한 패턴을 학습하여 일반적으로 인간의 지능을 필요로 하는 작업을 수행할 수 있다. 이는 하나의 은닉층만 있는 얕은 신경망과 구별된다.

딥페이크

deepfake

디지털로 수정되거나 AI로 생성된 이미지, 오디오, 또는 비디오로서, 종종 실제 사람이나 상황을 잘못된 방법으로 묘사함으로써 사람들을 오도하거나, 명예를 훼손하거나, 여론에 영향을 미치기 위해 사용되기도 한다.

에포크

epoch

머신러닝에서 알고리즘이 전체 훈련 데이터 세트를 한 번 완전히 통과하는 것을 의미한다.

존재론적 위협
existential threat

AI의 지능이 기하급수적으로 증가하여 인간의 지능을 압도하는 가상의 시나리오와 관련된 논쟁적인 우려로서, 실제 그런 시점이 온다면 인간 종족의 생존에 위협을 가할 수 있다.

전문가 시스템
expert systems

1980년대에 인기를 끌었던 "고전적인 AI" 의사결정 지원 시스템의 통칭이다, 특정 분야에서 인간 전문가들이 내릴 결정을 모방하기 위해 미리 정의된 규칙과 지식 기반을 사용한다. 또한 사용자가 정보를 입력하면 프로그램이 특정 사례나 상황을 처리하는 방법에 대한 지침을 제공하는 인터페이스가

얼굴 탐지
face detection

이미지나 비디오에서 사람의 얼굴이 있는지 확인하고, 있다면 얼굴이 어디에 위치하는지 파악하고자 하는 얼굴 인식의 한 유형이다.

얼굴 식별
face identification

대규모 얼굴 데이터베이스 내에서, 주어진 얼굴이 어떤 얼굴과 일치하는지를 파악하는 얼굴 인식의 한 유형이다.

얼굴 인증
facial attribute analysis

얼굴 인식 응용 프로그램의 한 종류로, 감지된 얼굴의 나이, 성별, 감정 상태와 같은 특성을 판단하도록 설계된 것이다.

얼굴 인식

facial recognition 또는 face recognition

이미지를 통해 얼굴을 감지하는 작업(얼굴 탐지), 감지된 얼굴의 특성을 결정하는 작업(얼굴 속성 분석), 감지된 얼굴이 특정한 알고 있는 얼굴과 일치하는지 확인하는 작업(얼굴 인증), 그리고 감지된 얼굴을 알려진 얼굴 데이터베이스와 일치시키는 작업(얼굴 식별)을 수행할 수 있는 AI 기술의 집합이다.

특징
features

머신러닝의 맥락에서 특징은 각 데이터 포인트의 독특한 속성으로서, 예를 들어 이미지의 픽셀이나 텍스트 문서의 단어와 같은 것이다. 머신러닝 알고리즘이 데이터를 학습하고 훈련 과정에서 보지 못한 새로운 데이터에 대해 예측을 하기 위해 사용하는 요소들이다.

순방향 신경망
feedforward neural network

모든 노드와 층 간 연결이 네트워크 내에서 입력에서 출력으로 동일한 방향으로 정보를 전달하며, 네트워크 내에 루프백이나 순환이 없는 신경망의 한 종류이다.

미세조정
finetuning

AI의 맥락에서, 대규모 언어 모델의 훈련 과정 중 두 번째 단계로, 기본 모델을 수정하여 인간 평가자들이 제공한 피드백을 기반으로 더 바람직한 출력을 생성하는 과정이다.

일반 목적 AI
general purpose AI: GPAI

EU AI법 개정안에서 다음과 같이 정의됨:
"대규모 데이터로 자가 지도 학습을 통해 훈련된 경우를 포함하여, 상당한 범용성을 보이며 다양한 개별 작업을 능숙하게 수행할 수 있는 AI 모델을 말하며, 시장에 배포되는 방식과 관계없이 다양한 다운스트림 시스템이나 애플리케이션에 통합될 수 있다.

생성적 적대 신경망
generative adversarial network: GAN

"가짜" 또는 실제 데이터를 모방한 출력(예: 이미지나 오디오)을 생성하는 생성기(generator)와, 실제 데이터와 가짜 데이터를 구별하려는 판별기(discriminator)로 이루어진 AI 아키텍처이다. 이 두 네트워크는 함께 훈련되어 경쟁적인 과정을 통해 서로의 정확도를 향상시킨다.

생성적(생성형) AI
generative AI

사용자 프롬프트를 통해 텍스트, 이미지, 비디오와 같은 콘텐츠를 생성할 수 있는 AI 기술로, 챗GPT, DALL•E, 스테이블디퓨전과 같은 시스템이 이에 해당한다. 알고리즘 편향과 지적 재산권 같은 문제가 제기된다.

생성적 사전 훈련 트랜스포머

generative pre-trained transformer: GPT

오픈AI의 대규모 언어 모델(LLM) 계열의 이름으로, GPT-3.5와 GPT-4를 포함하며, 트랜스포머 아키텍처를 활용하고, 챗GPT AI 챗봇 플랫폼을 통해 사용자 프롬프트에 노출되며, 다른 애플리케이션에서는 API를

경사 하강법
gradient descent

역전파(backpropagation)에서 신경망 가중치를 조정하는 데 사용되는 수학적 기법으로, 손실 함수에서 로컬 최소값을 찾아 각 가중치에 대해 최적의 변화를 식별하여 모델의 오류를 최소화한다. 이 반복 과정은 학습률에 따라 가중치를 조정하며, 가능한 한 효율적으로 오류를 줄이는 것을 목표로 한다.

그래픽 처리 장치
graphical processing units: GPU

원래는 빠르게 진행되는 현대 비디오 게임에서
풍부한 3D 그래픽을 렌더링하기 위해 필요한
수학적 계산을 수행하도록 설계된 특수한
유형의 컴퓨터 칩을 말하지만, 최근에는
머신러닝 모델을 훈련시키기 위해 병렬적으로

환각
hallucination

대규모 언어 모델의 출력으로, 사실과 맞지 않거나 터무니없고 현실과 동떨어진 정보, 즉 허구로 지어낸 내용을 포함한 출력이다.

은닉층
hidden layer

신경망에서 입력층과 출력층 사이에 위치한 모든 층을 의미한다.

하이퍼파라미터

hyperparameter

신경망의 구성 요소 중 훈련 과정이 시작되기 전에 이를 설계하는 사람이 결정하는 사항으로, 훈련 과정 동안 변하지 않고 일정하게 유지된다. 예시로는 은닉층의 수, 각 층의 뉴런 수, 뉴런의 활성화 함수 선택 등이 있다.

K-평균군집화
K-means clustering

머신러닝에서 사용되는 특정 군집화 알고리즘으로, 사용자가 미리 정의할 수 있는 특정한 수(K)의 군집을 기준으로 라벨이 없는 데이터를 반복적으로 조정하여 군집화한다.

라벨 데이터
labeled data

머신러닝에서 입력 값(예: 고양이 사진)에 대해 알려진 정확한 출력(예: 고양이라는 라벨)이 쌍으로 제공되는 데이터로, 지도 학습에서 모델이 입력을 정확한 출력으로 변환할 수 있도록 훈련하는 데 사용된다.

대규모 언어 모델
large language model : LLM

일반적으로 트랜스포머 아키텍처와 셀프 어텐션 메커니즘을 사용하는 심층 신경망으로, 시퀀스의 모든 토큰을 동시에 고려하여 복잡한 자연어 작업을 수행할 수 있게 한다.

손실 함수
loss function

머신러닝 모델이 단일 훈련 예제에서 예측한 출력과 실제 목표 출력 간의 차이를 정량적으로 측정하는 수학적 함수이다.

머신러닝
machine learning: ML

AI의 한 분야로, 데이터 세트에서 패턴을 학습하여 특정 작업을 수행하는 방법을 배우는 다양한 유형의 통계적 알고리즘을 연구하고 사용하는 것을 설명하는 포괄적인 용어이다.

손실 함수
loss function

머신러닝 모델이 단일 훈련 예제에서 예측한 출력과 실제 목표 출력 간의 차이를 정량적으로 측정하는 수학적 함수이다.

머신러닝
machine learning : ML

AI의 한 분야로, 데이터 세트에서 패턴을 학습하여 특정 작업을 수행하는 방법을 배우는 다양한 유형의 통계적 알고리즘을 연구하고 사용하는 것을 설명하는 포괄적인 용어이다.

기계 번역

machine translation

인간 번역가의 개입 없이 한 언어에서 다른 언어로 자동으로 번역하려는 AI 기술로, 구글 번역과 같은 애플리케이션에서 사용된다.

모델
model

훈련 과정을 거쳐 나온 AI를 말한다. 훈련된 알고리즘이라고 할 수 있다.

자연어 처리

natural language processing : NLP

머신러닝을 활용하여 인간의 언어를 처리하고 생성하는 AI 기술로, 시스템이 텍스트나 음성 교환을 통해 인간과 상호작용할 수 있게 한다.

광학 문자 인식

optical character recognition: OCR

인쇄되거나 손으로 쓰인 텍스트(예: 수표나 자동차 번호판의 사진)를 기계 인코딩된 텍스트로 변환할 수 있는 AI 애플리케이션이다.

과적합
overfitting

모델이 훈련 데이터에 있는 "노이즈"와 "관련성 낮은 세부 사항"을 작업을 수행하는 데 중요한 요소라고 잘못 학습할 때 발생하는 문제로서, 새로운 데이터를 처리하게 될 때 모델 성능이 저하되는 현상이다.

파라미터
parameter

AI 모델의 여러 요소 중 하나로, 머신러닝 알고리즘이 훈련 중에 출력과 올바른 출력 간의 차이를 최소화하도록 조정하여 시간이 지나면서 정확도를 향상시킨다.

퍼셉트론
perceptron

1957년 프랭크 로젠블랫에 의해 개발된 최초의 인공 뉴런으로, 데이터를 훈련하여 간단한 이진 작업을 수행할 수 있었다. 입력값에 가중치를 곱하고, 그 결과를 합산한 후, 가중 합을 임계값과 비교하여 합이 임계값을 초과하면 어떤 값을 출력하고(예: 1), 합이 임계값보다 적으면 다른 값을 출력한다(예: -1).

개인 식별 정보

personally identifiable information: PII

개인의 신원을 노출시킬 수 있는 데이터로, 예를 들어 사회보장번호, 여권 번호, 개인 주소, 전화번호 등이 있다.

사전 훈련
pretraining

AI에서의 대규모 언어 모델의 학습 과정 중 첫 번째 단계로, 방대한 텍스트 말뭉치를 사용해 기본 모델을 생성하고 인간 언어의 일반적인 패턴을 학습하는 과정이다. 이후 특정 작업에 맞게 미세 조정(fine-tuning)된다.

추천 시스템
recommendation system

추천자(recommender)라고도 불리며,
사용자의 선호도와 기록을 바탕으로
영화나 제품 등을 사용자에게 추천하는 AI
애플리케이션이다.

강화 학습
reinforcement learning

AI 에이전트가 보상과 벌칙을 통해 결정을 내리는 방법을 배우는 주요 머신러닝 접근법 중 하나로, 시간이 지나면서 결과를 개선한다.

인간 피드백을 통한 강화 학습
reinforcement learning through human feedback: RLHF

인간 평가자가 오픈AI의 GPT-4와 같은 대규모 언어 모델의 출력을 평가하고 점수화하여, 이러한 평가를 통해 모델의 성능을 조정하고 개선하는 훈련 방법으로, 모델을 인간의 선호에 맞게 조정하는 데 효과적이다.

셀프 어텐션 메커니즘
self-attention mechanism

대형 언어 모델의 트랜스포머가 텍스트의 전체 시퀀스에 있는 모든 개별 토큰(단어, 형태소, 또는 문자)을 동시에 고려할 수 있게 해주는 발전된 기술을 말하며, 이를 통해 전체 입력값에 걸친 토큰들 사이의 복잡한 패턴과 관계를 발견할

자가 감독 학습
self-supervised learning

대규모 텍스트 말뭉치 같은 훈련 데이터에서 사람이 직접 라벨을 지정하지 않고, 기존 문장에서 일부 데이터를 가린 후 이를 예측하도록 학습하는 머신러닝 접근법을 말한다. (예: 훈련 데이터 내의 "고양이는 야옹하고 운다"라는 글을 보고 스스로 "고양이는 ___하고 운다", "_____는 야옹하고 운다"처럼 변형한 후 정답을 예측하는 방식으로 학습함)

반지도 학습

semi-supervised learning

지도 학습과 비지도 학습을 결합한 방식으로, 모델이 적은 양의 라벨이 있는 데이터와 대량의 라벨이 없는 데이터를 사용하여 훈련된다.

음성 인식

speech recognition

음성 입력을 텍스트로 변환할 수 있는 AI 애플리케이션으로, 가상 비서가 인간 언어를 처리하고 응답할 수 있게 한다.

강한 AI
strong AI

가상의 AI로, 인공 일반 지능(AGI) 또는 일반 AI라고도 불리며, 인간의 모든 인지적 작업을 수행할 수 있는 능력을 가지고 있으며, 특정하거나 제한된 문제를 해결하도록 설계된 약한 AI와는 달리 다양한 분야에서 폭넓은 지능을 가진다. 철학자 존 설이 의도한 원래의 의미는 실제로 이해할 수 있는 AI, 즉 실제 마음(real mind)을 가진 컴퓨터였다.

비기호적 AI
subsymbolic AI

AI의 두 주요 분파 중 하나로, 규칙 기반이 아니라 대량의 데이터에서 학습하고 패턴을 찾는 데 초점을 맞추며, 수많은 연결된 노드를 가진 인공 신경망을 중시한다. 이로 인해 일부는 이를 "연결주의 AI"라고 부르기도 한다.

초지능

superintelligence

인간의 지능을 모든 측면에서 훨씬 뛰어넘는 지능을 가진 가상의 AI이다.

지도 학습
supervised learning

라벨이 있는 데이터나 입력 샘플과 그에 맞는 올바른 출력 값이 쌍을 이루는 데이터를 사용하여 모델을 훈련시키는 주요 머신러닝 접근법 중 하나이다.

기호적 AI
symbolic AI

AI의 두 주요 분파 중 하나로, 인간이 읽을 수 있는 기호를 사용하는 미리 정의된 규칙을 통해 지식을 명시적으로 프로그래밍하는 방식이다. 이는 AI 분야의 초기 역사에서 중요한 역할을 했기 때문에 종종 "고전 AI"라고 불린다.

기술적 특이점
technological singularity

레이 커즈와일과 같은 기술 전문가들이 말한 가상의 미래 시점으로, 이 시점에서 AI는 지속적이고 통제할 수 없는 자가 개선의 루프에 들어가 인간의 지능을 능가하는 지능적 폭발을 일으킨다고 한다.

임계값 활성화 함수
threshold activation function

뉴런의 입력 가중 합을 두 개의 이진 출력(예: 1 또는 -1) 중 하나로 변환하는 초기 유형의 활성화 함수로, 가중 합이 특정 임계값을 만족하는지 여부에 따라 출력이 결정된다.

토큰
token

텍스트의 일부분으로, 단어, 단어의 일부, 한 글자, 또는 심지어 구절까지 포함할 수 있으며, 대규모 언어 모델에서 트랜스포머가 셀프 어텐션 메커니즘을 사용하여 이 토큰들을 동시에 처리하여 전체 시퀀스에서 패턴을 찾아 관련된 인간 언어 출력을 생성한다.

트랜스포머
threshold activation

방대한 책과 웹사이트의 텍스트 말뭉치에서 훈련된 신경망 아키텍처의 한 유형으로, 셀프 어텐션 메커니즘을 활용하여 토큰의 전체 시퀀스를 동시에 처리하고, 사용자가 제출한 프롬프트에 기반하여 인간과 같은 텍스트 응답을 생성한다.

튜링 테스트
Turing test

앨런 튜링의 "모방 게임"의 또 다른 용어로, AI가 인간과 유사한 지능을 발휘할 수 있는지를 평가하는 유명한 테스트이다. 이 테스트를 성공적으로 통과하려면, 5분 간의 텍스트 기반 상호작용 후 인간 판별자가 AI와 인간을 확실히 구분할 수 없어야 한다.

라벨이 없는 데이터
unlabeled data

비지도 학습에서, 입력에 대해 태그 또는 라벨에 "정확한" 출력값이 붙지 않은 실생활의 데이터 세트이다. 모델은 이 데이터를 통해 "감독자"의 명시적인 지침 없이 데이터에서 패턴이나 구조를 학습한다.

비지도 학습
unsupervised learning

라벨이 없는 데이터에서 모델이 숨겨진 패턴을 학습할 수 있도록 다양한 통계적 알고리즘(예: 군집화)을 사용하는 주요 머신러닝 접근법 중 하나이다.

약한 AI
weak AI

인공 협소 지능(ANI) 또는 좁은 AI라고도 불리며, 일반적으로 인간의 지능을 필요로 하는 특정하거나 제한된 작업을 수행하도록 설계된 AI이다. 이는 훨씬 더 넓은 인지 능력을 가진 강한 AI와 대비된다.

가중치
weights

인공 뉴런의 파라미터로, 인간 뇌의 생물학적 뉴런 사이의 시냅스 강도에 해당하며, 훈련 중에 조정되어 신경망의 출력 정확도를 개선한다.

AI 리터러시 기초

초판 발행일	2025년 8월 1일
저자	Ben Jones
삽화	Alli Torban
역자	한국마케팅교육
펴낸곳	한국마케팅교육
신고번호	서울 중구 제2024-000127
주소	서울 중구 세종대로 136, SFC 8층
전자우편	ilovemarketing@naver.com
홈페이지	www.amapcm.kr
전화	02-563-0717
ISBN	979-11-93091-03-6